ただの人にならない

「定年の壁」のこわしかた

田中靖浩

マガジンハウス新書

プロローグ

この先、日本で何が起こるのだろうか？

平日の昼間、ご近所を散歩してみましょう。

しばらく歩くと「老人が増えた」ことに気付きます。

病院、公園、図書館、喫茶店には老人の姿が目立ちます。スーパーやレストランでも働く高齢者をたくさん見かけるようになりました。

それもそのはず、すでに日本は「3人に1人が高齢者」の国です。


私が小学生だった50年前、公園で遊んでいたのは子どもばかりでした。あの頃、老人は「10人に1人」もいなかったのです。

50年前には全人口に占める65歳以上の割合は「7%」でしたが、現在は「30%」。

いまや公園で遊ぶ子どもの声がうるさいと老人がクレームをつけます。

少子高齢化がこれほどの猛スピードで進んだ国は他に例がありません。これからさらに平均寿命が伸びると年金・医療、税制、雇用のあり方に大きな変化が起こります。それは避けられない変化であり、すでに始まっています。

他国の政治家や研究者たちは、かたずを飲んで日本を見ていることでしょう。

「この先、日本で何が起こるのだろうか?」と。

サラリーマンの未来はどうなる?

さらにご近所を歩いてみましょう。寂しげな商店街にはシャッターを下ろしたままの店が増え、人口減少とともにお店減少まで進んでいます。

しかしながら、寂しげな商店街にいくつかの新規開店を見かけます。美容室、フィットネスジム、学習塾。これらのオーナーのなかにいわゆる「脱サラ」開業者がいます。彼らの新たな門出を祝福したいところですが、成功するのはかなり難しい様子。残念ながら短い期間で店をたたむ例もあります。

50年前の昭和半ばの頃、自分の店を出すのはふつうのことであり、それで家族を養う人たちがたくさんいました。いまや脱サラで商売を始めるなどクレイジーだと思っている人がほとんどです。

この50年で「小さな商売人」が減り、組織で働く「サラリーマン」が増えました。

しかし最近、サラリーマンという生き方が危うくなっています。すでに役職定年をはじめとした高齢社員への冷遇が始まっており、彼らは不安を感じています。

「この先、私はどうなってしまうのだろう?」と。

老後の仕事やお金の常識を見直そう

ご挨拶が遅くなりました。この本の著者、田中靖浩です。

公認会計士として会計経営分野のコンサルティング、講師、そして執筆などの仕事をしています。

近年は中小企業やフリーランスなど「小さな商売人」を応援する仕事に力を入れています。故郷三重県では中小企業経営者を応援する「ＭＩＥ塾」の塾長を務め、また自らフリーランスを応援する「フリーランス塾」を主宰しています。

なぜ私が「小さな商売人」を応援するかといえば、それが「日本の未来を明るくする」ことだと信じているからです。


この国にはこんな常識があります。

「入社した会社で定年まで働き、その後は退職金と年金で暮らす」

そんなサラリーマン神話はいまもなお日本人にとって常識であり理想です。

それが崩れようとしているから大変なのです。原因は少子高齢化と人口減少。すでに「避けようがない変化」が、社会保障・税金・雇用の各方面で起こっています。これに対応するには、「変化への対応」を行わねばなりません。それはつまり、老後の仕事やお金についての常識を見直すことです。

本書では迫りくる変化に向けて「新しい生き方・お金の常識」を指南します。

その大役がフリーランスの私に回ってきました。私は本書で「サラリーマンを辞めたら働けない」と思い込んでいる皆さんに、定年後は「雇われないで働く」新しいスタイルを提案しています。

貯金でも株式投資でもない第3の選択

毎月必ず給料が振り込まれ、税金や社会保険料の計算と支払いの代行、退職金と年金までお世話してもらえるサラリーマン。フリーランスの私からすれば、まるで温泉宿のような厚遇ぶり。それはかつて日本経済が成長していた時代の名残です。

しかし、昨今の業績低迷によって企業の安定雇用や年功序列賃金が揺らいでいます。役職定年制度をはじめとする高齢者冷遇は、これからもしばらく続くでしょう。

そんな世相ゆえ、サラリーマンの「老後に対する不安」が急激に高まっています。老後の不安といえばまずは「お金」です。数年間、「老後のために蓄えが2000万円必要」だとする「老後資金2000万円問題」が世間を騒がせましたが、これも貯金に対して不安をもつ人が多い証拠です。

会計士である私のところにも「老後に貯金はいくら必要でしょうか？」、あるいは「貯金ではなく株式投資をやるべきでしょうか？」といった取材が増えました。

これについて私は貯金でも株式投資でもない「第3の選択」を皆さんに提案したいのです。それが「定年後も働く」という方法です。

「定年後は働けない」は思い込み

「老人になったら働けない」

サラリーマンの人はそう思い込んでいます。だから働けるうちに貯金しておこうという発想になるのでしょう。そんな皆さんに私はこうアドバイスしたいのです。

「貯金も株式もいいですが、それより定年後も働いたらいかがですか？」

いまや「老人は定年後に働けない」というのは思い込みにすぎません。

サービス業では年齢に関係なく働ける環境が整っています。コロナ禍で一般化したリモートワークの広がりも、またとない追い風になりました。

サラリーマン時代に副業によって練習しつつ、定年後にフリーランスになる人が少しずつ増えています。定年世代の50～60代がゼロから「起業」を目指すのは少々無謀ですが、「定年後フリーランス」であれば実現可能性が高いです。

「定年後に働く」といっても現役時代と同じだけ稼ぐ必要はありません。子育てが一段落つき、ある程度の蓄えがあり、退職金・年金が期待できる方であれば「月に数万円」稼ぐことができれば十分なはず。

定年後は雇われずに、好きな仕事をして小さく稼ぐ。そんな高齢化社会に対応した生き方を「令和フリーランス」と名付けましょう。

令和フリーランスになるためには、サラリーマン時代とはまったくちがった学びが必要です。それは従来の「社内で出世するスキル」や「転職できるスキル」とはまったくちがった「長く働くためのスキル」。

出世・転職スキルはいずれも「雇われる」スキルなので定年によって終わりがきます。しかし「雇われない」フリーランス・スキルには終わりがありません。自分次第でいつまでも働けます。

最近、多くの会社がＳＤＧｓ（持続可能な開発目標）を意識しています。しかし皮肉なことに、その会社に勤める社員の労働がもっとも持続可能でない状況です。おそらくこれから日本企業は老後まで社員の面倒をみるのではなく、「独り立ちを支援する」方向へ舵を取るものと思われます。それは「避けられない変化」です。

ならばサラリーマンからフリーランスへ変身して、時代の先駆者になろうではありませんか。そのための発想の転換・行動をできるだけ早く始めましょう。雇われず働けるようになれば金銭不安が少なくなるし、精神的にもすごく楽です。

仕事人間として生きてきたサラリーマンのなかには、定年と同時にやることがなくなり抜け殻になってしまう人がいます。毎日忙しく働いていた「部長」が、ヒマをもてあます「ただの人」になってしまいます。

「会社人間100%」で生きてしまうと、一気に老けてしまいます。それを失ったときの喪失感や無力感があまりにも大きい。これは「貯金」を用意するだけでは解決不能な問題です。

お金問題に加えて、時間の使い方、心と身体の健康、それらをトータルに考えても定年後にフリーランスとして働くことは大きな意味があります。

どうか本書によって「定年後も小さく楽しく働く」選択肢を手に入れてください。その選択肢に気付くだけでも、老後への不安が減るはずです。

本書では人生100年時代のリスキリング（学び直し）として、令和フリーランスに必須の「おもしろがり力・巻き込み力・助けられ力」を伝授します。

あなたがこの3つの力によって「定年の壁」をこわし、長く元気で働けることを祈っています。すべての新たな旅立ちに乾杯を。

2023年初春　田中靖浩

「ただの人」への転落危険度チェック

- □ 社外に肩書きに関係なく付き合える人が少ない
- □ 今の会社を離れても稼げる技能がない
- □ 挨拶しない同僚や部下にムカつく
- □ 初対面の人の年齢が気になる
- □ To Doリストに終了チェックを入れるのが快感
- □ アドバイスで「君のためを思って」とつい口にする
- □ 突然1週間休暇になったらヒマで困る
- □ 飲み会で「過去の経験」を話してしまうことが多い
- □ 貯金できない自分が嫌になる
- □ レジで待たされるとイライラする
- □ マンション管理組合、町内会への参加は苦痛でしかない
- □ しばらく同僚や部下から食事に誘われていない
- □ 残業代の出ない仕事などやりたくない
- □ 家族内の会話が減っている

チェック数	危険度
☑0～5	⇨ 小「青信号」
☑6～10	⇨ 中「黄信号」
☑11～14	⇨ 大「赤信号」

ただの人にならない「定年の壁」のこわしかた◎目次

第2章 現役世代のための「フリーランス思考」のすすめ

第3章 定年後は「助けられ力」がものを言う

第1章

ただの人にならない「定年後」のすすめ

ストーリー1

【家に居場所がない経理マンの叫び】

「ふざけるな！」

のどかな店内に怒気を含んだ声が響いた。たまたま居合わせた数名の客が心配そうにレジ前の様子をうかがう。自ら発した大声で河西の興奮はさらに高まる。

クレーマーとは何だ。あまりに失礼じゃないか。

テーブル越しに睨《にら》みつけると、若い男性店員はうつむいたままだ。

「たいへん失礼をいたしました」

お詫びの言葉とともに店長が姿を見せた。何度もお辞儀を繰り返す店長。

まだ若いけれど、後ろの男性店員をかばう姿は、まるで母と息子に見える。型通りのお詫びをすませてから、店長はアルバイトからも事情を聞いた。

発端は河西が先日注文した書籍を、このアルバイトが取り置きを忘れて売ってしまったことだった。入荷の電話をもらってわざわざ来たのに肝心の本がない。その上、「改めて注文しますので数日お待ちください」と言われて呆《あき》れた。

間違えた上に、再度注文しろとはトラブル対応がなってない。許しがたいミスと対応だった。

「小さなミスから組織はダメになる」これは長年経理の仕事をしてきた私の信念だ。二度とこんなことが起こらぬよう、店と彼のためを思ってわざわざ言ってあげたのは私のやさしさなんだ。しかも、できるだけ穏やかに話した。それなのに、背中越しに聞こえた「クレーマー」の一言。これにカチンときて踵《きびす》を返し、どういうことだとカウンター内を怒鳴りつけた。

一部始終を聞き、「誠に申し訳ありませんでした」と再び頭を下げる店長。

「そっちがミスしたくせに、クレーマー呼ばわりとはひどいじゃないか」

「ごもっともです。非はこちらにあります。でも、店員たちはお客様のことをクレーマーと言ったのではありません。ミスをするとクレームがつくから気を付けようと話しただけなんです」と言い訳した。

ちがう。明らかにクレーマーと言った。再び感情が高まった私は、店長に向かって1時間以上文句を言い続けた。店長はうなずきながら、黙って聞いていた。

河西敏夫54歳。妻、大学1年の息子と3人家族。

仕事は財閥系メーカーの経理部長。この肩書きは来年まで。そこで役職定年を迎えるため、来年春から部長から格下げになる。

役職定年に先立って早期退職の募集があった。河西はこの早期退職に応募するつもりだった。会社に居残るのはやめて、中小企業へと転職する。それができるのが経理職だと思っていた。工場の原価計算から決算・税務まで一通りの経理実務を経験した自分は、中小企業メーカーから歓迎されるはずだと信じていた。

しかし、その目論見《もくろみ》はみごとに外れた。転職エージェントに誘われて登録したものの求人はごくわずか、しかも給料はお話にならない安さだった。

「自分はこれっぽちの価値なのか」

河西は自分の甘さを思い知った。頭ではわかっていたが現実は格別だ。さらにショックだったのが、同期入社2人が転職を果たしたこと。営業と人事の彼らが転職できて、なぜ経理の自分はダメなんだ。

早期退職に失敗した頃から言い知れぬ無力感に包まれ、ささいなことでイライラするようになった。

「これから、どうなってしまうのだろう」

自分の処遇や仕事内容、そして収入に不安はつきない。役職定年になれば給料は3割も下がる。まだ息子の学費もあるし、住宅ローンも残っている。頼りの貯金もここ数年は減る一方。まるでわが身が削られるようだ。

金の心配だけで気分がふさぐというのに、さらに憂鬱なのが家庭のこと。高い学費に耐え、家族のために買ったマイホーム。そのために毎日の長時間通勤と職場の理不尽に耐えてきた。

それなのに、わが家から会話が消え、自分の居場所がなくなってきている。ささいなことで不満が溜まるうちに家族との会話がなくなった。必要なこと以外話さない日々。妻と子どもは笑顔で冗談を言い合うが、私がその輪に入ることはない。これからずっとこんな寒々しい日々が続くのかと思うと気が滅入る。

私はいったい何のために働いてきたのだろう。何のために生きているのだろう？

いつものようにベランダへ出ると、河西は夜空を見上げながらため息をついた。

明るく楽しい老後は不可能なのか？

「誰もが長生きしたいと願うが、誰も老人にはなりたくない」

これはスウィフト『ガリバー旅行記』に出てくるセリフです。

18世紀のアイルランドを生きた人々も、私たちと同じく「老いへの恐れ」を抱いていたことがわかります。

そこから300年、私たちは当時より長生きできるようになりました。この先もなく多くの人が「100年生きる」時代がやってきます。

しかし、平均寿命の物理的な長さは、質的な豊かさを保証してくれません。「老いへの恐れ」はむしろ大きくなり、ときに長生きが不幸を招くことさえあります。貧困・病気・家庭不和……そんな老後だとしたらたしかに老人になりたくありません。

書店で怒鳴った河西氏は架空の人物ですが、個々のエピソードはすべて実話に基づいています。

・早期退職の失敗

・役職定年への不安

・会話のない家庭

これらは決して人ごとではありません。50代の多くが抱えている問題です。人生100年時代といわれる長寿時代のいま、これまで国がつくってきた各種社会保障制度がうまく機能しなくなってきました。

老人の面倒をみきれなくなってきた国は、会社へその面倒を押し付けます。高年齢者雇用安定法が改正され、会社は段階的に「定年の引き上げ」を行っています。しかし会社のほうにも余裕がありません。「雇用は守るが給料は保証しない」役職定年制度によってなんとか対応しているといったところ。

いつの時代にも起こる「誰が高齢者の面倒をみるか」の押し付け合い。それが日本でも起こっています。だからこそ、私たちはスウィフトの言葉に挑戦したいのです。

「長生きして、明るく楽しく過ごす」――目指すべきはこれです。

いつまでも気の合う仲間と食べて飲んで働いて笑う。年下の人から「あんなふうに年を取りたい」と見本のように過ごす。そんな老後を目指したいもの。

その道のりは簡単ではありません。少し間違えると河西氏のような「不機嫌な老人」への道を歩んでしまいます。

それを避けるにはどんな準備をすればいいのでしょうか？

優雅な「年金暮らし」は過去の話

河西氏のような50代クレーマーが増えた背景には、高齢サラリーマンに対する会社の処遇が悪化している事実があります。

この国の会社は「雇用を守る」ことを大切にします。簡単に従業員をレイオフする欧米の会社と比べて、その家族経営的態度は立派ですが、しかしながら「雇用を守る」のは稼ぎがあるからできること。収益力が落ちた会社で「待遇は悪くなる」のは仕方ありません。

かつての栄華を誇った巨大メーカーで役職定年制が導入されたり、年功序列賃金の見直しが行われているのは必然の流れでしょう。日本の会社がかつての輝きを取り戻すならともかく、これからも業績低迷が続くとしたら、高齢社員の冷遇は止まらないことでしょう。では河西氏のような50代はどうすべきなのでしょうか？

会社勤めにはいつか「定年」がやってきます。定年の日をもってサラリーマンを引退し、その後は悠々自適な隠居生活を送る——これまではそれが可能でした。しかし、もはやそれは「過去の話」と考えたほうがいいでしょう。

・少子高齢化が進んで財政が厳しい国の社会保障制度
・収益力が低下して高齢者の面倒をみられない会社
・寿命が伸びて定年後も長く生きる本人

これらを考え合わせると「定年まで同じ会社で働いて、その後は年金生活」の常識は崩壊寸前です。だからといって定年前に募集される早期退職に応じ、転職することもそれほど簡単ではありません。

そこで私は「定年後フリーランス」という方法を提案したいのです。

定年後も働ける小さな商売人を目指す

高齢者になって生き苦しさを感じる大きな理由が「選択肢のなさ」です。

とくに苦しいのが「働きたくても働けない」状態。まだ学費やローンの支払いが残っているのに働けない。これは経済的にも精神的にも厳しいです。

「仕事＝誰かに雇用されて働く」と狭くとらえてしまうと、高齢者が働ける職場はごく少ないです。現役中に培ったノウハウや知識を活かせる仕事はさらに少ない。歴史的に見ても、高齢者の仕事はキツくて低給の単純労働ばかり。

「雇われる」ことは難しい――これが高齢者労働の現実です。

ならば雇われることは諦め、フリーランスになるのはいかがでしょう？

そう言われても、「自分には無理だ」と思う方がほとんどだと思います。

そんな方に問いたいのです。

「あなたはフリーランスについて、何も知らないだけではないですか？」

サラリーマンからするとフリーランスは、特別な能力や専門的知識をもった「自分のような凡人とはちがう特殊な人間」に見えるかもしれません。でも決してそんなことはありません。たしかにすごい能力をもった人はいますが、ほとんどはあなたと同じレベルの凡人です。ただし「自分で稼ぐための努力」はしています。その日々の努力の内容が、サラリーマンとまったくちがうのです。

ときにそれは真逆の方向性です。会社では、「誰かがいなくなっても仕事が回る」仕組みをつくろうとします。

しかしフリーランスで「自分がいなくなっても仕事が回る」状態になったらアウト。「自分がいないと仕事が回らない」状態をつくるために全力で努力するのです。


フリーランスは小さな商売人です。かつての50年前、日本中のあちこちに小さな商売人がいました。彼らは自分のお店を出して商売し、家族を養いました。あの頃の商売人はモノを売ったりレストランを開店することが多かったですが、いまはサービス業が多いです。

自分のノウハウやサービスを売る令和の商売人、それがフリーランスです。

ここまでの50年、わが国では商売人が減ってサラリーマンが増えました。サラリーマンのほうが給料が高く、仕事もおもしろく、老後まで保障してくれたからです。

しかし再び変わり目がやってきています。

サラリーマンの老後に不安が出てきたいま、定年後も働ける小さな商売人を目指すことには大きな意味があります。雇ってもらえなくても、「自分で働く」選択肢をもつ。それだけで気分が楽になります。定年後「働こうと思えば働ける」自分になるべく努力することで経済的にも精神的にも余裕ができるはずです。

雇われない生き方

フリーランスとは「雇われない・雇わない」働き方・生き方です。

ちなみに私は長い間フリーランスとして仕事をしています。この道を進んだきっかけは20代半ばに身体を壊したことでした。

外資系コンサルティング会社勤務中に長期入院し、その後も何度も入退院を繰り返しました。病院のベッドで悶々《もんもん》としながら、こんなことになったのは「向いていない仕事をしたからだ」と悟り、「これからは好きな仕事をしよう」と決意、コンサルティング会社を辞めました。転職しようにも入院を繰り返す病弱者を雇ってくれる会社はなく、やむなく独立開業したというわけです。もともと独立開業志望だったこともあり、それは期待たっぷりのスタートでした。

独立後しばらくは事務所を大きくしようと頑張りましたが、残念ながらそれは途中で諦めました。正直に言って、人を雇う重圧に耐えきれなかったからです。自分という人間の「器の小ささ」に落ち込みましたが、受け入れるしかありません。そこでフリーランスを目指したというわけです。

そこから現在に至るまで、「雇われない・雇わない」フリーランスとして仕事をしています。誰かと組んで仕事をすることもありますが、基本は一人です。

苦労の末になんとか好きな仕事で生活できるまでになりましたが、とにかく私の場合は収入が不安定でした。スポット仕事の比率が大きかったため、稼ぐときは稼ぐが、稼げないときはさっぱり。先が見えない薄氷の上を歩く思いで生きてきました。いま振り返っても、よく生きてこられたと思います（マジです）。

最近、同世代のサラリーマンからよく「定年のないフリーランスはいいよな」と言われることが増えました。

彼らからそう見えるのはわかりますが、こちらはずっとサラリーマンをうらやましいと思っていました。毎月安定した給料をもらえるからです。そんな彼らの悩みは「定年までしか働けない」こと。安定した環境で働けるが、いつか職場を追い出されるのがサラリーマンの宿命。

収入は不安定ながら、いつまでも働けるフリーランス。
収入は安定的ながら、定年までしか働けないサラリーマン。

ならばサラリーマンは「定年と同時にフリーランスに変身すればいいのでは?」というのが本書における提案です。

定年までに貯金はいくら必要か?

長い間安泰だったサラリーマンの老後に不穏な気配が漂っています。
「なんとかなるさ」と高を括《くく》っている人がいまだ多数派である一方、「このままで良いのだろうか」と不安を感じている人が増えています。

じわじわ迫る不安感の背景に「この国にはサラリーマン・公務員が多い」事情があります。サラリーマンや公務員といった勤め人は、定年によって「働くのはこの年齢まで」と区切られます。自分は働きたくても年齢によって強制終了させられるのがサラリーマン・公務員の特徴です。

そんな強制終了があっても文句が出なかったのは、その後に十分な退職金と年金が用意されたからです。それに加えて現役時代に貯金をしておけば、少々の贅沢だってできる。だからみんな定年を受け入れてきたのです。

人の一生を「第1期：子ども期、第2期：大人期、第3期：老人期」に分けるなら、サラリーマン・公務員の生き方は「第1期：子ども期」に勉強して良い会社・組織に入り、「第2期：大人期」をそこで働きながら過ごす。「第3期：老人期」は第2期に蓄えた財産の取り崩しで生活する——と、そんな一生です。老後の生活になんとなく不安を感じるサラリーマンは第2期のうちに「貯金」しようと考えます。ここで悩ましいのは「定年までにいくら貯金すべきか？」がわからないことです。

老後資金2000万円問題の解決策とは?

もともと定年後に向けて関心の高かった「定年後に必要な貯金問題」ですが、これに世間の注目が一気に集まったのが「老後2000万円問題」。

2019年、金融庁金融審議会「市場ワーキング・グループ」が公表した報告書の「老後に向けて2000万円の蓄えが必要」の部分がクローズアップされました。金融庁の名とともに「2000万円」という金額が大げさに報じられ、ワイドショーなどで取り上げられる騒ぎ。これが「炎上」狙いなら大成功ですが、そうではなさそうです。報告書を読むと2000万円は試算にすぎません。老後までにどれだけ蓄えればいいのか。その金額は本人の退職金、家族数、生活ぶりなどによってまったく異なります(報告書にもその旨が明記されています)。2000万円は「夫婦で月5・5万円不足するとしたら30年で2000万円不足」という計算にすぎません。

ただ、この「2000万円問題」が話題になったことには理由があります。

みんなもともと「定年までにいくら貯めればいいのか?」について関心があったのです。なぜなら「定年から先は仕事しない」と思い込んでいるからです。

会計的にこの「2000万円不足」は極めて正しいです。定年後、収入（年金等）と支出（生活費）を比較して月に5・5万円の不足があるとすれば、貯金等を取り崩しながらの生活になります。それが定年後30年続くとすれば、取り崩し合計は約2000万円――と、これは小学生レベルの計算です。

計算上は定年時までに「不足する合計額」の貯金等を用意すれば問題解決しますが、それはあくまで「計算上の解決」にすぎません。それで幸せに生きられるかといえば、これはまったく話が別です。

皆さん、想像してください。

年金収入で生活費をまかないつつ、不足する分は貯金を取り崩して暮らす。

そんな倹約生活には向き不向きがあります。ちなみに私には無理です。ケチが大嫌いな私は節約しすぎで窒息してしまうかもしれません。旅に出ることもなく、毎日部屋でゴロゴロしながら貯金残高が減るのを眺める日々はもはや拷問です。

さらに耐えられそうにないのが「無職」の前提。これはお金の問題ではありません。仕事することが何より好きな私にとって「定年後は無職＝仕事をしない」状態は地獄です。ストレスが溜まって本屋で怒鳴るクレーマーになってしまいそうです。

貯金と株式投資では手に入らない「人とのつながり」

老後のために「貯金」や「株式投資」を行うのはすばらしいことです。

それに加えて私は第3の選択肢として「定年後も働く」ことを提案します。サラリーマン・公務員の皆さんは「自分には無理だ」と思われるかもしれません。

もちろんフリーランスとして働くことには性格的な「向き・不向き」があります。性格さえ向いていればなれるものではなく、そこには努力も必要です。しかも準備には時間もかかります。

その意味で「誰にでもできる簡単なお仕事です」というものではありません。

しかし、もし定年後にフリーランスとして働けるようになれば、貯金や株式投資では手に入らない財産が手に入ります――それは「人とのつながり」です。

老後に必要なものは「お金」だけではありません。それにも増して大切なのは身体と心の「健康」です。

年齢を重ねた人間にとって身体の健康を保つのが大切であるのは当然ですが、サラリーマンの方にとって心配なのは「心の健康」です。必死に働いてきた定年前とヒマを持て余す定年後に差がありすぎ、心の健康を害してしまう例があまりにも多いのです。それを回避するには、できれば定年後もやりがいがある仕事で働くほうがいい。働くことさえできれば、ヒマは有意義な時間に変わり、孤独は「人とのつながり」に変わります。もちろん「働きたくない」方が無理して働くことはありません。ただ「自分はまだ働きたい」と思う方がいれば、定年後もぜひ働いてください。その年齢で「雇われる」ことはなかなか難しいのなら、定年後はフリーランスとして働きましょう。現役サラリーマンの方は会社で働きつつ、いつかフリーランスに変身することを目指してください。

私自身は若い頃からフリーランスとしてがむしゃらに働いてきましたが、それを皆さんに勧めるつもりはありません。年配の皆さんは「好きな仕事を好きな時間だけ働く」フリーランスを目指しましょう。

フリーランスとして何の仕事を選ぶかはもちろん本人の自由ですが、私は「サービス業」をオススメします。なぜなら自分自身が商品のサービス業にはほとんど初期投資がかかりません。それゆえ小さく仕事を始めることができます。

・サラリーマンからフリーランスへ変身する
・好きな仕事を好きな時間だけ働く
・サービス業で小さく仕事を始める

人生100年時代、定年後も働くことを考えましょう。これらの特徴をもつフリーランスのことを「令和フリーランス」と名付けます。

家庭内でお金の話をタブーにしない

人にはそれぞれの金銭事情があります。家族のあるなし、持ち家か賃貸か、貯金はいくらあるか、借金はどれだけあるか、などなど。それぞれの状況に応じたマネープランを考えるわけですが、その金銭問題への対応を「貯金あるいは株式投資」をメインにしてきたのがこれまでの特徴です。それは先ほど説明した「第2期大人期の蓄えを第3期老人期へ回す」発想です。これに対して、「第3期老人期もフリーランスとして働きましょう」というのが本書の主張です。

これまで　：第2期サラリーマン時代の蓄えを第3期に回す
本書の主張：第2期はサラリーマン、第3期はフリーランスとして働く

第3期老人期にも働くことができれば貯金はその分少なくてすみます。「老後の生活：貯金＋退職金年金＋フリーランス収入」と考えれば、それほどの収入を稼ぐ必要はなく月に数万円で十分という人が多いでしょう。

定年後も働くとして、いつまで働くかは本人と家族の事情によって決まります。河西氏のように子どもの教育費や住宅ローンの返済が残っている場合、働かざるを得ません。それがいつまでかは、子どもが生まれたときの年齢、そして住宅ローンを組んだときの年齢によって決まります。

たとえば私には3人の子がいますが、最後の息子が生まれたのは私が40歳のときです。ということは息子が大学に行って卒業する22歳のとき私は62歳。

40＋22＝62

正直に白状しますと40歳の私はこの足し算をしていませんでした。「息子の大学の

学費を払い終えるのは62歳」だと理解していなかったのです。

子どもができて家族が増えると住まいが手狭になり、新居への引っ越しや購入を考えます。現在、日本人の初婚平均年齢は「30歳」。結婚して数年後に子どもができ、その数年後に住宅購入するなら「30代後半」のタイミングが多いでしょうか。たとえば38歳で25年ローンを組んだら返済終了は63歳です。

38＋25＝63

この足し算をわかってローンを組んだ人がどれだけいるでしょう？　ほとんどの人は「63歳で働かねばならない自分」のことを想像していなかったはず。そして63歳をめぐる雇用の状態がどれだけ厳しくなっているかについても。

晩婚化のツケは高齢になって表れます。ちなみにこれを避けるためには「早めに結婚して、早めに子どもをつくる」ことしか解決策がありません。

自分は手遅れだから、せめて後輩やわが子に伝えましょうか。「早めに結婚して、早めに子どもをつくれ」と。

現在の社会はこの種のアドバイスを最も嫌います。結婚するかしないか、何歳で出産するのか、それらはすべて「人それぞれ」。そんな多様性を尊重する空気のなかで「結婚や出産」に触れることはタブーです。セクハラだと言われかねません。

しかし「人それぞれ」に生じたツケは必ず本人の晩年、金銭の苦労として返ってきます。これから晩婚化と高齢出産が進むとすれば、「足し算」の結果として起こることは何なのか。「人生のマネープラン」については長期的に考えねばなりません。

我々の親世代はそれを教えてくれませんでした。しかし私たちはそれを次世代に伝えるべきだと思います。なぜなら高齢化によって次世代のマネープランはもっと厳しくなっているはずですから。

これからの時代、夫婦の間では少なくとも「子どもの学費」と「住宅ローン」をめぐる「足し算」については話をしておくべきでしょう。わが子が大学卒業の年、そしてローン完済の年に自分は何歳になっているのか。その年齢近辺になったとき、会社における自分の雇用、そして給料の状態はどうなっていると予想されるか。

まだ子どもが小さい場合には、これから公立・私立のどちらに進学させる予定なのかも考えておかねばなりません。その進路によって学費の額が大きく異なります。
ここで「甘すぎる見積もり」をしてしまうと、後で必ず痛い目を見ます。

役職定年によって予想外の収入減に見舞われそうな場合には、学費やローン支払いは大丈夫かを早めに確認しましょう。時間があれば対応できる選択肢が多いし、早めの対応によって「家族でピンチに立ち向かう」体質をつくることもできます。

いまも日本人には「お金の話をするのは苦手」という夫婦・家族が多いですが、収入減などの不安が高まっている昨今、それではすまされません。自分と家族を守るために家族内のコミュニケーションを良好にしましょう。

昨今の会社では上司や部下との「コミュニケーションの重要性」が再認識されていますが、それにも増して重要なのは家族内のコミュニケーションです。金銭的な問題については一人で抱え込まず、夫婦・家族というチームでピンチに対応できるよう心がけましょう。

「とりあえず早期退職」は絶対にNG

冒頭ストーリーの河西氏は転職活動に失敗して、早期退職に応募することを諦めました。しかし、実際には「今だけ」の割増し退職金に目がくらんで、つい勢いで早期退職に手を挙げる人がいます。

こうした勇ましい方の場合、本人ではなく、その奥さんから相談されることが多いです。「うちの旦那、次の仕事も決まってないのに大丈夫かしら」と。

いまさら後の祭りなので仕方なく応援のメッセージを送りますが、もしこれから早期退職を考える方がいたら言わせてください。

次の仕事も決まっていないのに早期退職に応募してはダメです。

「なんとかなるさ」と思っているなら、あまりに無知で無謀です。その早期退職はタチの悪いバクチ。50代の人間が転職するのは簡単ではありません。辞めてすぐフリーランスになれるかといえばそれも絶対に無理です。

転職するにはしっかりした準備が必要であり、フリーランスとして仕事をするならさらに周到な準備が必要です。

モノを売る商売やレストラン、クリーニングなどであれば必要な設備を揃えてから商売を始めます。それに対して最近の知識系サービス業は設備投資ほとんどなしで開業できます。

だからこそ「開業前にしっかりと考えないといけない」のです。設備投資なしで手軽に開業できるサービス業には、その手軽さゆえにライバルが山ほどいます。あまたのライバルに負けないためにどんな作戦で臨むのか。それをしっかり考えないと商売になりません。

また定年後に仕事することを目指す「令和フリーランス」であれば、それほどお金を稼ぐ必要がありませんが、早期退職してフリーランスになるのであれば、それなりの金額を稼がねばなりません。それは決して「すぐにできる」話ではありません。

「とりあえず早期退職してから考える」のは絶対にNGです。

フリーランス向きの人、向かない人

フリーランスは仕事のすべてについて自らハンドルを握ります。どんな仕事をするか、誰と組むか、何時から何時まで働くか、そのすべてを自分で決めます。その代わり結果についてはすべて責任を負います。その「自由と責任」をうれしく感じる人間と、逆にストレスを感じる人間がいます。

サラリーマンのなかには「自由がストレスになる」ということを信じられない方がいるかもしれません。しかしこれは紛れもない事実です。

ストレスの感じ方は人それぞれです。コロナ禍の在宅勤務ひとつとっても「出社することがストレス」な人と「出社しないことがストレス」な人がいました。

ここで注目したいのが「管理されるストレス／されないストレス」です。これは知人の精神科医から聞いた話です。世界経済が大混乱に陥ったリーマンショックの際、ストレスで鬱状態に陥るビジネスマンが急増しました。ここで「ストレスの感じ方」には大きな個人差があったそうです。アメリカ人エリートに目立ったのが、リーマンショックで本社管理が強まり「やりたいようにできない」ことにストレスを感じる人。

自由にやりたい人にとって、管理されることはストレスです。

一方の日本では混乱のなかで「自分で決めろ」と言われてストレスを感じるビジネスマンが多かったそうです。こちらは「自分で決めねばならない」ことがストレスだったわけです。皆さんはどちらにストレスを感じるでしょうか? 「管理されるとストレスを感じる」人であればフリーランス向きです。


50代で早期退職した方でコンビニ、飲食、塾などのフランチャイズ・オーナーに挑戦する方がいます。結果として成功する場合と失敗する場合があります。その結果はさておき、独立開業やフリーランスに向かないのは「失敗を誰かのせいにする人」です。失敗した人のなかには「本部が何もしてくれなかった」と愚痴る人がいます。このように「失敗を誰かのせいにする」人は、そもそも独立開業に向いていません。

フリーランスはすべての結果を自分で引き受けねばなりません。それはフランチャイズオーナーであっても同様です。

「成功も失敗もすべて自分のせい」——それを「望ましい」、あるいは「やってみたい」と感じる人はフリーランスの資質があるでしょう。

定年後も使える第3のスキルとは？

巷で話題のリスキリング（学び直し）ですが、令和フリーランスまで考慮すると、次の3つに分けられます。

1　会社内で能力を発揮するためのリスキリング
2　他社へ転職できるためのリスキリング
3　定年後フリーランスとして働くためのリスキリング

社内で実力を発揮できるようにスキルアップするのが「1」です。これはあくまで会社のなかでの実力アップや出世を念頭においています。

次の「2」は「転職できる自分」になることを考えます。いまの会社内で評価されるだけでなく、他の会社に転職できる自分になるためには「他社でも通用するスキル」を身に付けねばなりません。もっと具体的には「転職したら得られる年収」の向上を目指します。これは会計的にいう「時価主義」の発想です。

資産の評価には2つの方法――原価主義と時価主義があります。原価はその資産を「いくらで買ったか」の購入時の評価額、時価は「売ったらいくらか」の売却を仮定した評価額です。少々の無理を承知でこれを人間の評価に当てはめれば、原価とは「現在の年収」、時価とは「転職したらいくらの年収か」です。サラリーマンには2種類の人がいます。

・原価∨時価の人：転職すると給料が下がる
・原価∧時価の人：転職すると給料が上がる

前者の「原価∨時価」の人は、今の会社を辞められません。そこで後者の「原価∧時価」状態をつくるのが「2」の学びです。そのためにはポータブル・スキルが重要であると言われます。ポータブルとは持ち運び可能、つまり別の会社に行っても役立つスキルのことです。最近ではプログラミング・スキルなどがこれに当たります。

このように「1」の学びの目標は会社で認められるためのスキル、「2」は別の会社に転職できるスキルです。先ほどの「早期退職する人」は、その前に「2」のスキルを身に付ける必要があったわけです。

「1」と「2」はいずれも「雇われる」ことを前提としたスキルです。

これに対して「3」の定年後フリーランスを目指す学びは、会社を辞めた定年後まで「長期的に持ち運べる」スキルを意識します。会社の定年を迎えても、そのあとフリーランスになって仕事できるスキル。

「1」の社内で出世するスキルと「2」の転職できるスキルのちがいは、汎用性があるかどうか。その会社だけで使える「1」スキルと、転職した会社に持ち運べる「2」スキルはその内容が異なります。

それにも増して「1&2」と「3」のスキルは大きくちがいます。陸上選手でいえば短距離ランナーとマラソンランナーほどちがいます。だから出世・転職スキルが低く、組織でまったく評価されなかった人が、独立後に突然実力を発揮することがあります。実際、優秀なフリーランスで「サラリーマン時代はまったくダメだった」という人はかなり多いです。それゆえ「1&2」スキルがダメだからといって諦めないでください。それは「サラリーマンに向いていない」だけかもしれません。「3」のスキルをしっかり磨き、「フリーランスになって時価アップ」を目指しましょう。

ベテランの転職を阻む2つの壁

私は数多くの会社にお伺いして企業研修の講師を務めてきました。

日本企業の場合、午前中の講義が終わって昼休みになると、担当の方が私の元へやってきます。「先生、お疲れさまでした。ではランチにまいりましょう」とお店まで案内してくれます。

これが外資系企業に行くと少々様子がちがいます。先ほどまで受講していた生徒が私の元へやってきて「先生、ランチに行きましょう」と誘ってくるのです。

日本企業の受講者が受け身なのに対して、外資系企業の受講者はかなり能動的でアグレッシブ。

この差は「転職を考えているか・いないか」のちがいです。外資系の諸君は入社1年目であっても例外なく「転職」を考えています。それゆえ会社の枠を超えて、会計士である私と「個人的に仲良くなろうとする」わけです。

つまり「今の会社を辞めても残る人間関係の構築」に敏感なんですね。彼らはパーティーでも積極的に知らない人と話そうとする。これに対して、「わが社の人間」だけで集まりがちなのが日本企業のサラリーマンです。

これまで日本企業では「1」の社内で使えるスキルを重視してきました。とくに「大」の付く組織でその傾向が強いようです。それは「転職しにくい＝時価の低い」人間を育てている面があります。

冒頭ストーリーの河西氏は「大企業で経理一筋○年」の人物でした。経理は「手に職」の代表のように思われていたこともあり河西氏は早期退職で転職を試みますが、そのチャレンジは失敗に終わります。

実のところ河西氏のような人は「大企業で経理一筋○年」だったがゆえに転職を失敗しているのです。残念なことに転職市場において「会社の色が付きすぎた」経理マンは敬遠されます。口グセのように「前職では……」と語る方はそれだけで「色が付きすぎ」と判断されます。昔とはちがい、大組織での勤務経験はマイナスに作用することがあることは知っておきましょう。

経理職の転職市場でいえば、転職の上限は30歳、現在のように人手不足であっても35歳がギリギリです。高齢の経理職は「年配者はＤＸＩＴに対応しにくい」そして「ベテランは若い人とチームを組むのが苦手」という先入観によっても敬遠されます。結論として河西氏のような経理のベテランの転職は極めて難しいのが現状です。

消極ミスと積極ミスは似て非なるもの

河西氏は「手に職がつく」経理職のはずが転職に失敗しました。転職市場において、大きい組織の経理経験者は「ミスが気になりすぎる」チェッカー体質である点も警戒されます。

お金の計算をスケジュール通りにこなす経理の仕事では、基本的にミスが許されません。上司は部下の仕事に「ミスがないか」チェックすることになりがちです。組織が大きくなり、お役所的な性格が強くなればなるほどチェッカー体質が強まります。

この経理&大組織的な「ミスが気になる」チェッカー体質は、転職市場で嫌われるだけでなく、フリーランスにも向きません。

なぜならフリーランスは「売り物」を自分でつくります。つねに新たな「売り物」をつくり続けなければなりません。それには旺盛な好奇心とチャレンジ精神が必要です。ここで「ミスが気になる＝失敗を恐れる」性格ではチャレンジができません。「ミスしない」ことは「チャレンジしない」ことの裏返しです。実際に新しいことを始めてみると、うまくいかないこと、ミスすることの連続。そこでいちいち落ち込んだり、誰かを責めていては先へ進めません。

やるべきことをやらずに失敗した消極ミスは落ち込むべきですが、前へ出てやらかした積極ミスは落ち込んではいけません。また積極ミスを犯した部下は責める前に、その積極性を称《たた》えてやらねばなりません。自分に対しても他人に対しても、消極ミスと積極ミスを区別することはとても大切です。

この点、十把一絡《じっぱひとから》げに「ミスが気になる」気質の人は注意が必要です。「ミスに対して敏感」になりすぎ、お店で店員にクレームをつけるようになると危ない。積極ミスを歓迎し、ガンガン失敗をやらかし、人間関係で痛い目を見てはじめて新しい仕事がつくれます。フリーランスにおいてミスより怖いのは「何もしないこと」です。

所属組織と役職名を失う喪失感

定年後、隠居生活に入ると、職業欄に書くことがなくなります。

「無職」

ここにマルを付けるのはすごく勇気がいります。「自分は職のない人間なんだ」と思い知ることになるのです。

定年の話と一緒にするのはどうかと思いますが、私は若い頃に一度「無職」を経験しました。会計士試験の受験勉強のため、大学を無職で卒業したときのことです。わずか数カ月の無職生活でしたが、強烈な記憶が残っています。それまで「学生」だったのが、卒業した瞬間に「無職」。職業欄にマルを付けるたび、世間から取り残された気分を味わいました。

映画館のチケット売り場で「一般ですか、学生ですか?」と聞かれ、つい「無職です」と答えた自分がイヤになりました。あのときの私ですらそうなのだから、会社で長年働いてきた方が「無職」になるのは、とてつもない喪失感を感じてしまうはずです。

先日、講師依頼をいただいたセミナーのプロフィール欄を書き込みながら、ふと手が止まりました。それは「所属組織・役職名」の記入欄。フリーランスの私にはいずれにも書くべき内容が見当たりません。結局、いささかの申し訳なさとともに、所属組織に「作家・公認会計士」、役職名に「なし」と書きました。

主催は誰もが知る超有名企業です。担当者の彼らにとってプロフィールとは、「○○株式会社△△事業部部長」や「○○大学△△学部教授」のことなのでしょう。

でも、サラリーマンの皆さん、よく考えてみてください。

プロフィールに書く「所属組織・役職名」は定年までの期間限定であなたに貸与されたものです。それは定年を迎えた瞬間、名刺とともに取り上げられます。「所属組織・役職名」に頼って仕事してしまうと、それを取り上げられたときにどれだけの喪失感を味わうか、想像してみてください。

会社を辞めた瞬間、あなたは会社の看板と役職を失って生身の人間に戻ります。その上げ底がなくなったとき、「自分自身の能力」や「人間的魅力」がなければ周りの人と新たな関係を築くことはできません。フリーランスを目指すなら、会社にいるうちから世界を広げて「お楽しみ豊富」な人間になっておきましょう。

いますぐ定年後まで使う名刺をつくろう

定年のときに失うものはいくつかありますが、その代表が「名刺」です。

名刺はサラリーマンにとっての象徴であり、そこにはその人がこれまで会社につぎ込んできた努力とプライドのすべてが詰まっています。名刺がなくなることは、言葉にできない喪失感をもたらすようです。

名刺には「会社名」が書かれています。そして部署名のなかに何を扱っているかの「商品名」も書かれています。

会社名と商品名、この2つは顧客側から見て極めて重要な情報です。顧客は「その会社の商品」だから信頼して購入するわけです。そんな顧客がいてくれるからこそ、この名刺で仕事ができるわけです。

定年とともにその名刺を失うことは、何を意味するのでしょう?

それは「会社」の後ろ盾と、売りものである「商品」の両方を一度に失うということです。それでもあなたがそのあと何か別の仕事をできるとしたら、それこそが「自分」の実力です。このように考えてみましょう。

仕事の実力　＝　会社力　×　商品力　×　自分力

会社の名前と商品はあなたのものではありません。それを失ってもなお残る仕事の実力こそが「自分力」です。

たとえば金融機関に勤めている人は、定年と同時に会社名と融資や預金などの商品メニューを失います。そのあとに残る自分の力とは何でしょう？

これについて、「そんなことは考えたこともない」という人が多いのではないでしょうか。サラリーマンとして働いている間は「会社」と「商品（サービス）」が強力なほど仕事が順調に進み、稼ぎが大きくなります。

そもそも、多くのサラリーマンは就職活動の際、有名な大企業や優れた商品をもつ会社に入社したいと願っていたはずです。その選択は安定した給料がもらえるという意味では正解です。しかしながら、「会社」と「商品」の強い会社に長年勤めると、そこを去るとき「自分力」の弱さに愕然としかねません。この落差とそれに伴う精神的ショックは極めて大きいです。これは極めてまずい。なぜなら自分力の弱さと自信のなさは、定年後フリーランスのさまたげだからです。

定年後フリーランスを目指すなら、「サラリーマン時代から定年後フリーランスまで連続するもの」をこしらえましょう。それには資格のように目に見える専門性、目に見えないスキル、特別な人的ネットワーク、などなどいろいろなものがあると思いますが、まずは具体的に見えるものを用意すべきです。

サラリーマンの今から定年後までずっと使い続けるもの、いつか定年後の仕事を増やしてくれるもの――それが「あなた個人の名刺」です。

いまや企業間の取引や商談ではテレワークが進み、かつてより名刺交換の機会が減りました。相手と会う機会が減ったからこそ、実際に会ったときの印象が大切になっています。とくに年長者は名刺を大切にします。「いつかフリーランスになりたい」皆さん、本書を読んだらすぐ「自分の名刺づくり」を始めてください。

そのための準備を含め、「自分の名刺」によって新たな人生の扉が開きます。

名刺を自分の武器にしよう

え？　名刺なら、すでにもっている？　何を言ってるんですか、会社の名刺はダメです。それは定年と同時に使えません。サステナブルではない名刺です。私が言う「自分の名刺」とはサラリーマンではない「あなた自身」の名刺です。

コロナ禍でオンラインミーティングが増えたこともあり、リアルで会って名刺交換する機会は減りました。だからこそ私はその機会を大切にすべきだと思います。サラリーマンより「自分自身」が大切なフリーランスは、出会いの場の印象、そして名刺交換を大切にしましょう。

そこで渡す名刺について、定年後まで続く自分の「ニックネーム」と「職業」を考えましょう。このどちらも大切です。それを考えたら次がデザイン。会社の名刺とちがって、フリーランスの名刺は差し出した瞬間のインパクト勝負。相手にどんな印象をもってもらいたいか、それを考慮してデザインを選びましょう。

ちなみに私の現在の名刺はこれ（下）です。会計士というお堅い印象とのギャップを感じてもらうことを重視しました。これを渡すと95％以上の確率で驚かれます。ちなみにこの名刺はフリーランス塾の塾生、青木英明さんのデザイン事務所「アイデア」の商品です。

まずは自分のニックネームを考えましょう。

自分のことを何と呼んでほしいか。ぜひとも覚えやすく、語感の良い呼び名を見つけてください。良いニックネームが見つかればとても有利です。ぜひともユニークで呼びやすいニックネームを考えてください。会社の名刺ではニックネームが存在しないからこそ、個人名刺では重要なのです。自分で思いつかない場合には、仲の良い友人に考えてもらうのがいいでしょう。ただし年配者はダメ。若い人の感性を頼ったほうがいいです。

え、若い友人がいないって？　それはちょうどいい。これを機に若い友人をつくってお願いしてください。これもフリーランスに向けてのいい練習です。

ユニークでユーモアあふれる肩書きを

ニックネームの次は「肩書き」。いよいよここからが名刺づくりの本番です。

ほとんどの人にとって「肩書き」は組織から与えられるものであり、「肩書きを自分で考える」ことなど経験したことがないはず。だからこそ意味があります。

自分で自分の肩書きを考える——これは本当の意味で「フリーランスへの第一歩」といえる行為です。

だからといって真面目に考えすぎてはいけません。真面目さでは大企業とＡＩ（人工知能）にかないません。自分自身で勝負するフリーランスはユニークな視点とユーモアで勝負しましょう。

この「肩書き」について思い出深いエピソードをご紹介します。

ずいぶん前ですが、事務所のスタッフの名刺を新調したときのこと。デザインもプロにお願いしてカッコ良く一新しました。肩書きについては「各自、自分で考えるように」と宿題を出しました。組織の序列などに関係なく、「自分の個性を表す肩書きをつくるように」と命じたのです。

「自分の肩書きを考えなさい」という突拍子もない指示でしたが、数日経ったところで、第一弾が若い女性スタッフから出てきました。興味津々でメールを開けたところ、彼女が自分に付けた肩書きはなんと「エンジェル」。

私もさすがにビックリしました。「エンジェルかよ」

本人に話を聞けば、自分には特別な専門性など何もないが、みんなの心を和ませる存在でありたい。だから目標を含めて「エンジェル」なのだと。

もちろん即決で採用です。これぞ私の望んでいた肩書き。そして彼女の名刺には「エンジェル」の肩書きが記されました。

出来上がった名刺を彼女が差し出すと、それを渡された人は全員が「えっ、エンジェル!?」と驚きます。すぐさま「なぜエンジェルなのか」の会話が始まります。良い意味で違和感タップリ、笑顔の会話が始まるわけです。

あれから20年近く経ちますが、彼女の本名は覚えていなくても、あの肩書きのことは誰一人忘れません。「エンジェルさん、お元気ですか?」と今でも聞かれます。

このエピソードのポイントは、本人が「エンジェル」という肩書きが似合う女性だったこと。彼女は笑顔が似合う、やさしくて周りも笑顔にできる女性でした。

皆さんも彼女を見習って、ユニークかつユーモアに満ちた、そして自分に似合う肩書きを考えてください。

語感の良いニックネームと自らを表す肩書き。この2つが決まればそれだけで自分の名刺は価値があります。サラリーマン時代から定年後フリーランスまで持ち運べる、長期的にポータブルな名刺。これぞサステナブル！

転社はいいけど転職をしてはダメ

自分の名刺をつくるに当たって、重大なヒントを差し上げましょう。

それは「自分の職業とは何か？」についてしっかり考えることです。「そんな当たり前のこと？」と思わないでください。ほとんどの日本人は自分の職業について真剣に考えたことがありません。なぜならほとんどの人は「会社員」あるいは「公務員」のことを自分の職業だと思っているからです。

よく氏名・住所に併せて書かされる「職業」欄の会社員・公務員にマルを付けるうち、それが自分の職業だと思ってしまうのでしょう。

「○○会社の会社員」「△△市役所の公務員」それは所属・勤め先にすぎません。職業とは「どんな仕事をしているか／何を目指して働いているか」の内容です。

会社が変わることを転職といいますが、これもおかしな言葉です。会社を移るのは「転社」であって「転職」ではありません。転職とは「職業を転ずること」、つまり仕事を変えることです。自分の職業を磨くために「転社」するのは問題ありませんが、職業をコロコロ変える「転職」はよくありません。勤める会社を何社か変わったとしても「変わらない自分の仕事や信念」、それこそが己の職業です。

フリーランスを目指すなら、サラリーマンのうちから「自分の職業」についてしっかり説明できるよう準備しましょう。これは「営業・経理・マーケティング」のような枠組みでは甘すぎます。その枠組みを通じてどんな仕事をしているのか、何を達成しようとしているのか、それをしっかりと考えましょう。そこまで突き詰めて考えた末に、自分の言葉で表現されたものが「自分の職業」です。

これは資格でも同様です。税理士、ファイナンシャルプランナー、中小企業診断士、それらは名称にすぎません。その資格を通じて自分はどんな仕事をしているのか、何を顧客に提供したいのか、ライバルとのちがいはどこか、それらをしっかり言語化してみましょう。

50代になったら、「自分の職業」を「所属・肩書き・資格」とは別に考えておくべきです。それを名刺に書き、相手に簡潔明瞭に説明することで、はじめて相手はあなたのことを理解できます。

相手の立場になって考える精神を

これは複数の不動産会社を経営する知人社長Tから聞いた話です。

不動産の仕事は一件の金額が大きいため、商談相手を見定める目やどんな人物を入社させるかがとても重要。

数多くの人と名刺交換するTさんは交換の瞬間、その人物とうまく付き合えるかどうかピンとくるそうです。「この人とはウマが合いそうだな」とか「この人とは仲良くなれそうにないな」と。その直感はほとんど外れないのだとか。

彼は名刺交換の瞬間、どこから気配を感じ取るのでしょう?


Tさんによれば、重要なのは「名刺を出す高さ」だそうです。

我々は無意識のうちに名刺の出し方について「自分のスタイル」をもっています。相手から受け取った名刺を名刺入れの上に置き、次にこちらの名刺を相手に差し出す、といった一連の手順。たとえばときどき「妙に腰の低い」人がいます。低い位置から名刺を差し出す、これもその人の「低姿勢スタイル」です。

Tさんいわく、多くの人は「自分のスタイル」に従って名刺を差し出すが、デキる人は「相手が受け取りやすい高さ」を微妙に調節して名刺を出すそうです。

ポイントは自分のスタイルとして「低く」出すのではなく、「相手に合わせて」高さを調節する気配りがあるかどうか。

自分のスタイルで出すのか、それとも相手が取りやすいように出すのか。何気ないルーチンに垣間見える「自分中心か、相手中心か」の姿勢。ありふれた日常の瞬間だからこそ、それがにじみ出てしまうのでしょう。

これを聞いて「なるほどな」と感心しました。

「相手の身長の高さに合わせて名刺を出しましょう」という話ではありません。それでは遅すぎるのです。常日頃から「相手をよく見て合わせる」ことが無意識のうちにできるかどうか。すべてのビジネスシーンにおいて相手を尊重する姿勢で臨めているかどうか。それがたまたま名刺交換の瞬間に表れるというわけです。

ちなみにT社長は自身も「相手をよく見る」観察力、それに合わせて判断できる力に優れた人物です。だから相手のこともよく見えているのでしょう。

先日、T社長を某セミナーのゲスト講師に招いたのですが、そのときも「どんな参加者が来るんですか?」と根掘り葉掘り聞かれてめんどくさいの何の(笑)。多くの講師が「自分が何を話すか」ばかり気にするなかで、彼は「お客さん」のことを気にしていました。

こうした「相手の立場に立つ」精神は、名刺づくりの段階から気を付けましょう。

自分はどんな資格をもっているか、どんな仕事をしてきたか、などなど書き連ねた名刺からは、自らを声高に叫ぶ「自己中心的」なニオイが漂います。受け取る相手の立場に立って「また会いたいな」と思ってもらえる内容を考えましょう。

みんなが手を抜くところほど真剣に

T社長ほどではありませんが、私もかなりの数の名刺交換を行ってきました。しかしコロナでその機会は激減し、オンラインの初対面でご挨拶というケースが増えました。そういえば年賀状の数も激減しましたね。さらには「定年のご挨拶」もハガキではなくメールで頂戴することが増えました。

偶然、大手出版社に勤務していた2人から「退職&独立」のメールが届きました。Aさんからは「私宛て」のメール。Bさんからは「皆さんへ」同時送信のメール。私はそれぞれに返事をしました。Aさんからは間髪入れずに返信がありました。「とても不安ですが、精一杯がんばります。田中さん、フリーランスの先輩としていろいろ教えてください」と。

残念ながら一斉送信Bさんからは返信がありませんでした。おそらく忙しいだけなのでしょうが、返信を無視するのは相手を軽んじていることになります。少なくとも私はそう感じました。だったら最初からメールを出さなければいいのにと。

サラリーマン時代からBさんはいつも忙しそうで会社の愚痴が多い人でした。Bさんのメールには「仕事をお待ちしています」と書かれていましたが、彼に仕事を頼む気にはなれません。頼むならAさんです。


サラリーマンなら「こなす」仕事だけで評価されるかもしれません。でもフリーランスはそれだけではダメです。

しっかり内容を考えて「退職メールを出す」ところまでは誰でもできます。そこで力を抜いてはいけません。フリーランスの人間関係は「そこから」が真の勝負。

自分が退職したという知らせに反応してくれた相手には乾坤一擲《けんこんいってき》の気合いをもって返信すること。Aさんはそれができていました。Bさんはじめ退職者のほとんどが一斉メールの文面に力を入れるからこそ、「それとはちがう」場面で気合いを入れることが重要です。これは正攻法ではなく奇襲です。

孫子の兵法に曰《いわ》く「正を以《も》って合し、奇を以って勝つ」。ふだんは正攻法的に準備しつつ、決戦のときは奇襲を用いて勝ちなさいという教えです。名刺でいえば「エンジェル」の肩書き、退職メールではなく「返信」に力を入れるのが奇襲。

「みんなが頑張るところはほどほどに、みんなが手を抜くところは真剣に」

サラリーマンのうちから練習しておきましょう。さあ、あなたは自分名刺の作成・渡し方、どこに力を入れますか？

商売の2つの基本を再確認する

昨今のデジタル環境の広がり、とくにコロナ禍で一般化したオンライン環境は定年後フリーランスの可能性を一気に広げてくれました。オンラインでさまざまな出会いがあり、イベントが開催でき、海外の人や会社と仕事することもできます。

「可能性が広がった」ことは間違いありません。しかしながらそれを喜んでいてはいけません。小さな商売人であるフリーランスができる仕事は多くありません。自分の身はひとつであり、1日1年の時間は有限だからです。

人を雇っていろいろな事業を展開できる会社とちがい、可能性のなかから「たったひとつ」の仕事を大切に選び、仕上げていくのがフリーランスです。それは可能性の大海に釣り糸を垂らして釣りをするのに似ています。大企業が地引き網で魚を根こそぎ取っていくその横で、1匹を確実に釣り上げるのがフリーランス。

たくさんの仕事を引き受けられないフリーランスは、次の商売の基本「2つ」をしっかりと意識しましょう。

・売り物を用意すること
・買ってくれる顧客を探すこと

まずは自分の「売り物」を用意し、次にそれを買ってくれる「お客さん」を探す。この2つは時代と場所を問わない商売の基本です。この2つをうまく成し遂げる「商才」は、ビジネススクールで教えている経営学とはまったくちがうものです。学校で先生から教わるものではなく、生活のなかで自ら学び取るもの。知識より感覚とかセンスがものをいう世界であるように思います。

まずいラーメンを山奥で売ってはいけない

私は公認会計士です。知識と経験によって会計・経理業務ができます。しかし、それをそのまま「売り物」にしてはいけないのです。そのサービスによってお客さんは何を達成できるのでしょう？　ライバルではなく私から買うことにどんな意味があるのでしょう？　お客さんはそのサービスにいくら払ってくれるでしょう？　このようにあらゆる角度から「自分の売り物」について検討せねばなりません。

結論として私は経理業務からすべて足を洗いました。いまは決算書・税務申告書の作成業務をひとつも行っていません。そこに至る経緯は後ほど説明しますが、私は経理業務ではなく、会計を別の角度から売る「他人とはちがう売り物」を用意しました。会計から離れたワケではなく、「売り物」に自分なりの一工夫を加えたのです。

「売り物」を用意したら、次が買ってくれる「お客さん」を見つけねばなりません。小さな商売であるフリーランス、とくにサービス業は「ごく少数の優良顧客」を探すことが生命線です。お客さんを探し、良き関係を築き、高い価格を納得して買ってくれる顧客を見つけましょう。これは「広告を出せば見つかる」といった類いのものではありません。売り物のサービスとともに自分力をしっかり表現することを考え、相手に伝えること。そこで名刺は強力な伝達ツールになってくれるはずです。

「独立開業したがうまくいかない」という自営業やフリーランスに話を聞くと、この2つのいずれか、あるいは両方が「甘い」のです。誰もが思いつくレベルでしか売り物を考えていない。そしてしかるべき顧客候補を見つけるための努力をまったくしていない。本人には申し訳ないですが、「まずいラーメンを山奥で売る」ようなことをしています。これで商売になるわけがありません。

「もっとうまいラーメンをつくって、食べたい人間がいるところで売る」ことをしっかり学ばなければなりません。

図1

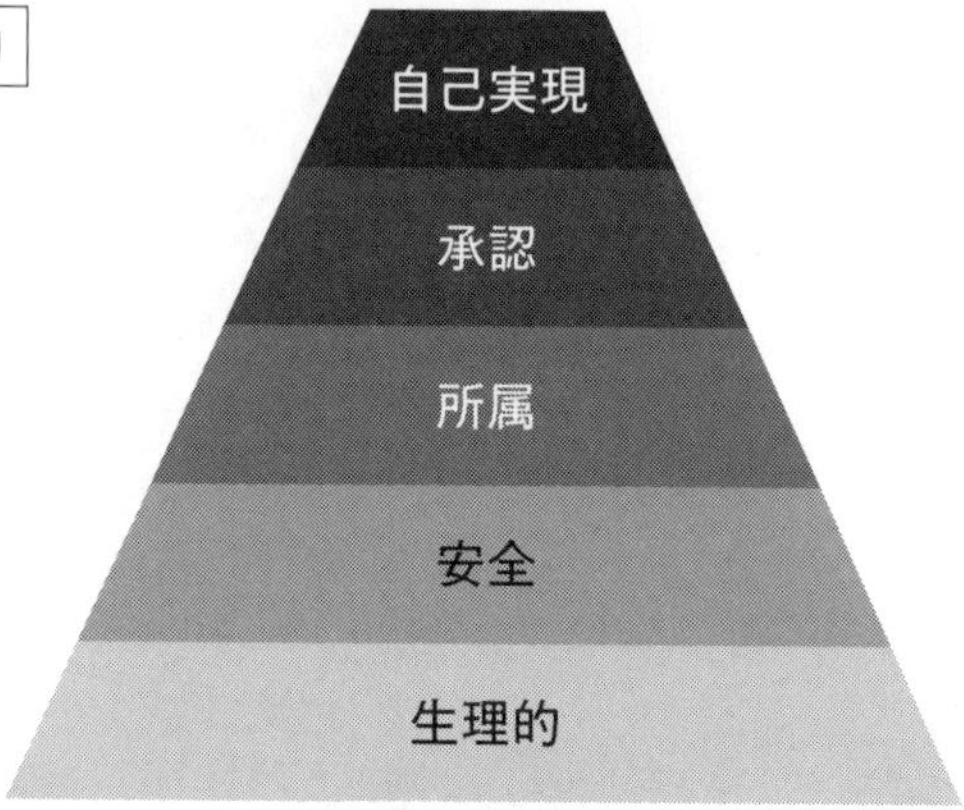

欲求五段階説

自分は何がしたいのか？

「売り物」のつくり方についてほとんどの人は「何を売るか」を考えるのですが、それは後回しでいいのです。それより先に考えてほしいのが「あなたは何をしたいのか」です。

これについて、経営に心理学を持ち込んだアブラハム・マズロー先生の助けを借りて説明します。マズローはもはや古典となった欲求五段階説で人間の欲求を階層的に表現しました。これによれば人間の欲求は下から上へと向かいます。

一番下が生き物として根源的な食べた

い・寝たい・トイレに行きたい「生理的欲求」。それが満たされると平和で穏やかに暮らしたい「安全欲求」、その次が友だちや仲間がほしい「所属欲求」、次が誰かに認められたい「承認欲求」、そして最後が思い通りに生きたい「自己実現欲求」。基本的には下が満たされるとその上へ、と向かうわけです。

この図でいえば、日本の「サラリーマン」は上から3番目と2番目の「所属欲求・承認欲求」がともに「会社によって満たされている」ことが大きな特徴です。

自らの職業を「会社員」と答えるサラリーマンにとって、「所属」する会社で働くことが仕事です。その働きぶりが上司に「承認」されると出世して給料が上がります。こうして所属・承認欲求の両方を会社に依存している日本のサラリーマンが「会社の上司に認められるよう働く」なかで、極めて重大な問題が生じます——それはマズローのいう最上部「自己実現」、つまり「自分は何がやりたいのか？」を考えなくなることです。

日本のサラリーマンでマズローのいう「自己実現」＝自分のやりたいことができている人はとても少ないです。働く内容も場所も時間も誰かから与えられ、その枠内で生きています。上司から命じられる仕事をこなし、評価されるうちに「仕事は与えられる」ことが当たり前になり、「自分は何がしたいのか？」を忘れてしまい、そのうち考えもしなくなるのでしょう。

自己実現とは「やりたいことができる」状態です。「自己のやりたいことが見つからない」のでは実現のしようがありません。

フリーランスは「やりたい仕事を自由に行う」存在です。こちらも「自分のやりたい仕事」がわからなければ売り物が見つけられません。

サラリーマンからフリーランスへの転身ができない人のほとんどは、「自分にはスキルが足りないからだ」と思っています。しかし私が見るに、それが失敗の理由ではありません。売り物を見つけられないフリーランスは、スキル不足ではなく「自分は何がやりたいのか」が不明確なのです。その状態では「どこかで見たような売り物」しか用意できません。借り物でないオリジナルを用意したければ「自分は何がしたいのか」を突き詰めるしかありません。

偏差値教育と大企業が産んだDモードエリート

「人間の欲求」に関連して、マズローはD動機とB動機を区別しています。

このDvsBの区別は仕事を考える上で大いなるヒントを与えてくれます。

まずDは不足・欠乏を意味するDeficitのD。D動機は「足りないものを補いたい」欲求です。食べ物がない・家がない・友だちがいない、そんな欠乏状態から抜け出そうとするのが義務感一杯「D動機による労働」です。

そんな義務とは無関係に、「やりたいからやる」のがB動機。BはBeingの頭文字、「あるがまま」という意味です。B動機で働く人はやらされ感なく働き、自然とやる気になって没頭します。これが自己実現的な「B動機による労働」です。最近ウェルビーイングという言葉をよく耳にしますが、これはまさに「その人のB動機が満たされている」状態のことです。

生活のため義務でイヤイヤ働くのがDモード、大好きでやるのがBモード。同じ仕事でも、ある人にとってはD、別の人にとってはBということがあり得ます。

よく大企業や公務員の方は「自分のBモード＝やりたいことがわからない」と言います。いつも命令によって働いているので、「何がやりたいか？」がわからないのだと。まるでU2の名曲タイトル「I Still Haven't Found What I'm Looking For」（自分が何を探しているのかまだわからない）のような状態です。

かつて起業家育成ビジネススクールで講師をしたときも、そんな生徒たちに多数遭遇しました。彼らの多くは大企業に勤めるエリートです。現状に飽き足らず、週末私の講義にやってくる、その前向きな姿勢はすばらしい。

彼らは私の会計講義だけでなく、戦略、マーケティングなど、さまざまな講義を受けていました。それだけ勉強すればすぐにでも起業できそうなものですが、彼らは勉強ばかりでなかなか動こうとしません。

「いつ起業するんだ？」とプレッシャーをかけると、「そのうちに」と頭をかいています。そんな彼らは揃って「自分が何をやりたいのかわからない」と言います。

そのうちにだんだんわかってきました。彼らは、日本の偏差値教育と企業組織の産んだ「Dモードエリート」なのです。彼らは課題を与えられれば、いちはやく解決方法を見つけます。試験問題であっても、経営課題であってもその能力は優れています。しかし混沌とした状況のなかで「何が問題なのか」を見つけることはうまくない。問題解決は得意ですが、問題発見は苦手なのです。それにも増して彼らが苦手とするのが「君は何がやりたいんだ？」という問いかけです。そんなことを考えたことがないからわからないのです。

興味、関心、好奇心、そして未知なる挑戦への情熱。これだけは講師である私も教えられません。「Dモードエリートは B モードに入るのが苦手」なのです。

しかしそれがわかれば対応は可能。要するに「おもしろいこと」「美しいもの」「感動すること」にたくさん触れればいいわけです。そこから B モードの扉が開きます。

Dモードエリートたちよ、まずはU2の曲を聴いて気持ちを盛り上げてくれ。

ＦＩＲＥの前提にある「仕事は苦役」

最近、若い人の間でＦＩＲＥが話題です。これはFinancial Independence, Retire Earlyの略であり、「経済的に自立して、早期に退職する」という意味です。給料以外の収入を稼げる方法を身に付けて早めに仕事を引退し、悠々自適に暮らす――そんな生き方を推奨するものです。

このキーワードをはじめて聞いたとき、私は「仕事嫌いなんだな」と驚きました。私はいまの仕事を早めにリタイアしたいとは思いません。まったく逆に、できれば１００歳を超えても働きたいと思っています。完全なるＢモード。

一方で「働きたくても働けない」高齢者たちがいるというのに、ＦＩＲＥに関心がある若者たちは「労働は苦役」と考えているから早めにリタイアしたいのでしょう。

先日、ＦＩＲＥを支持する若い投資家と対談した際、「私にＦＩＲＥは無理、だって仕事好きだから」と話したところ、「田中さんは好きな仕事だけですから、すでにＦＩＲＥ状態なんですよ」と教えてくれました。なるほどと納得。ＦＩＲＥとは「生活のためにイヤイヤ行うDモード仕事」を卒業したいわけですね。

その気持ちは高齢者だって同じです。「生活のためにイヤイヤ働くDモード労働」は避けたい。とくに定年後まで苦役に耐えるのは御免被りたいですよね。

同じ労働でも、生活のためにイヤイヤ働くのと、好きで働くのはまるでちがいます。これは他人にはわからない、本人の心の問題です。できればFIRE若人が言うように「好きな仕事＝Bモード仕事」だけやりたいものです。

せっかく定年後にフリーランスを目指すなら、「好きなBモード仕事を行う」ことを目標としましょう。

え？　好きなことで稼げるのかって？　それこそが「仕事は苦役」発想です。フリーランス的にいえば「好きなB仕事だから稼げる」のです。なぜならBモードに入ったとき、人は時間の経つことさえ忘れることができます。

この点、「仕事は苦役」と感じる大人のなかには、家族に対して「誰のおかげでメシが食えるんだ！」と怒鳴る人がいます。そんな親の背中を見て育った若人世代がFIREを目指しているとしたら、親世代は少々反省すべきかもしれません。

図2

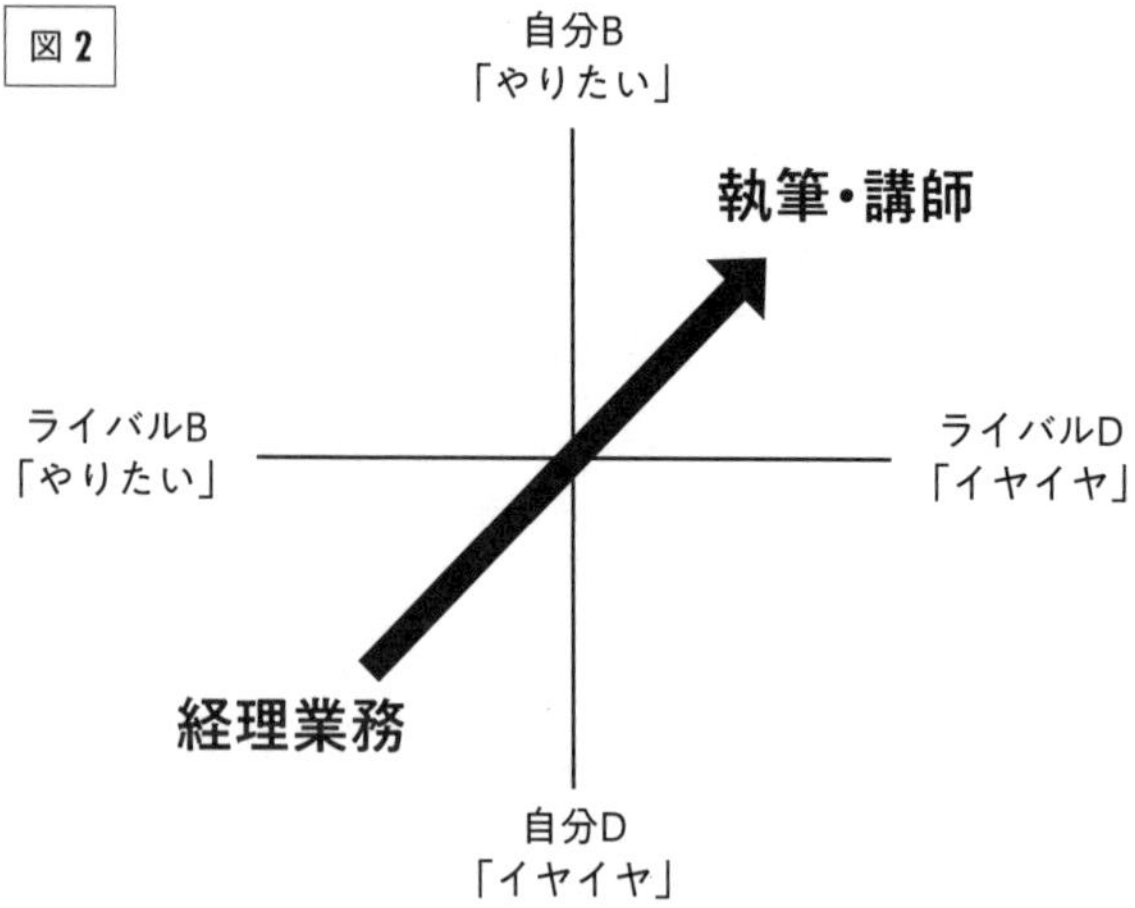

売り物をつくるヒントはどこに？

私が経理業務から離れたのは、それが私にとってDモードの仕事だったからです。イヤイヤ行うD仕事には情熱をもてません。会計士の私にとってそのD仕事が会計経理業務だったのは致命的でした。

顧客から「経理業務のプロ」と認識されている会計士なのに、その経理業務が苦手なのです。さすがに私も考えてしまいました。「この先、どうするべきか」と。

周りの同業者を見ると、みんな嬉々としてお金の計算をしています。つまり多くの会計士にとって会計経理業務はB仕事なのです。

「多くのライバルにとってBモード、自分にとってDモード」

この状態では撤退したほうがいいと決断しました。「自分はイヤイヤの義務、向こうは時間を忘れるほど好き」な仕事で戦っては勝ち目がありません。

そこまでわかれば、逆の仕事を探せばいいわけです。それは、「ライバルにとってDモード、自分にとってはBモード」の仕事です。

それが私の場合、本の執筆であるとかセミナーの講師という仕事でした。ならば会計という専門分野を軸にしながら、ライバルが不得意とする会計本の執筆、会計セミナーの講師を行おうと決めました。

その後のコンサルティングなどでも「ライバルはD・自分はB」の仕事を見つけていくように心がけています。

この作戦のキモは、自分にとってのD仕事とB仕事をハッキリ区別できていること。区別できないと「何の仕事をすればいいか」を見つけることができません。

サラリーマンの皆さんも、ぜひ過去を振り返ってみてください。あなたはどんな仕事をしたとき苦痛を感じたでしょう？（Dモード）、そしてどんな仕事をしたときに時間を忘れるほど熱中したでしょう？（Bモード）。

それがわかれば「どんな方向へ仕事を進めればいいか」が見えてきます。「売り物」をつくる最大のヒントは「自分のなか」にあります。

冒頭ストーリーの河西氏は、経理職のどこに魅力を感じているのでしょう？　どんな仕事が好きで、どんな仕事が嫌いなのでしょう？　それがわかれば彼は経理の仕事以外に自分の道を見つけることができるかもしれません。

「やりたい仕事」を明確に

私はときどき中小企業経営者やフリーランス向けセミナーでこれを問います。「現在の売上をD売上とB売上に分けてみてください」と。

参加者は一様にギョッとします。みんな、そんなことは考えたこともないという顔をします。でも、小さな商売人にとってはこの区別がすごく大切なんです。

生活のために義務で稼ぐD売上とやりたいことをやって稼ぐB売上。

これもすべて本人の主観によって決まります。企業向けの仕事はD売上、個人向けはB売上というふうに。

D売上ばかりになると、お金は稼げますが疲れます。モチベーション（動機付け）アップや癒やしが必要になります。B売上は疲れないのですが、なかなか見つけることができず売上金額が小さめです。

まずは自分のD売上とB売上を区別した上で、これをどう組み合わせていくかについて作戦を練りましょう。無料と有料の組み合わせ、道筋、先々への展開。D売上とB売上のセットを考えるのです。


このようなセミナーを中小企業経営者やフリーランスたちに行うと、みんな嬉々として取り組んでくれます。「自分で仕事のハンドルを握っている人」相手にはウケる内容なのです。しかし、サラリーマンや専門職のなかにはD売上・B売上が区別できず、困ってしまう方がいます。

「仕事は会社や上司から与えられるもの」と思い込んでいるサラリーマンや公務員の方にとって、D売上・B売上の話はピンとこないのかもしれません。

D売上とB売上をすぐに分けられる「わがまま」な人ほどフリーランス向きのように思います。実際、フリーランスで成功している人は仕事の「好き嫌い」が極めて明確です。好きな仕事ならいくらでもやるけど、嫌いな仕事をガマンして続けるなんて真っ平御免。だからといって気分屋というわけではありません。

成功しているフリーランスは自分の興味や好奇心が明確かつ旺盛なのです。もっと単純に表現すれば、「おもしろがり力」が強い。自分が「おもしろい！」と思える分野・内容の仕事を見つければすさまじい実力を発揮します。

フリーランスは仕事を選べます。稼ぎは少ないし不安定だけれど、「やりたい仕事」ができます。だからこそフリーランスになるには「やりたい仕事＝Bモード仕事」を明確にしなければなりません。サラリーマンから定年後フリーランスになりたい方は、いまのうちから「おもしろい！」と興奮する分野を探しておきましょう。

これ、意外に時間がかかる作業です。頑張って……と言いたいところですが、頑張ってはいけません。自分が心地良くいられる仕事は何なのか、自然体で探してください。力の抜き方を会得するのもフリーランスへの大切な準備です。

会社の外に仲間を増やそう

先ほど、マズロー欲求五段階説の上から3番目「所属欲求」と2番目の「承認欲求」がともに会社勤務で満たされるのが日本のサラリーマンだと説明しました。

外国人は「○○会社で働いています」を「I work for ○○」と言いますが、日本人サラリーマンはよく「I belong to ○○」と言います。つい使ってしまうこの表現からわかるように、日本人は会社に「所属」しているわけです。

そして会社のなかで与えられた仕事をこなし、理不尽な上司とダメな部下の間を調整し、苦労の末に結果を出すことで評価・昇進という「承認」を得るわけです。

こうしてマズローのいう所属と承認をすべて会社に委ねることには極めて大きなリスクがあります。それは定年と同時にこの両方を失ってしまうことです。

定年と同時に部長も課長も、「ただの人」になります。名刺は取り上げられ、行く場所がなくなり、誰も尊敬してくれなくなります。

みんな、なんとか自尊心に折り合いをつけ、ふつうのオジさんオバさんとして幸せを見つけるわけですが、現在、社会問題レベルになっているのが「会長・顧問」問題です。

これには大企業から中小企業まで、日本中の秘書や担当者が困り果てています。しかし声を上げて批判ができません。彼らは心のなかで思っていることを決して口に出せないのです。「あまり会社に来ないでください」と。

街中でクレーマーと化す中高年も困りものですが、しょっちゅう会社を訪れ、私的な面倒をみさせる会長・顧問の話を聞くにつけ、身を引くことの難しさを思います。これもマズロー「所属欲求・承認欲求」がいかに強いかの表れでしょうか。

定年後フリーランスとして身を立てることを考える前に、心の準備をしておく必要がありそうです。

サラリーマンの皆さん、よく聞いてください。いまあなたの所属・承認欲求を満たしてくれている会社を定年で離れた瞬間、所属・承認欲求にポッカリ穴が空きます。それを満たしてくれる人・場所がなくなります。そこになって「自分って何だろう」

と落ち込んでも遅いのです。
いまのうちから会社の外に「所属できる場所・承認してくれる仲間」をつくりましょう。その延長線上にフリーランス人生があります。

「健康な身体」は貯金と同じ

所属・承認欲求を会社に依存したまま50代を歩んでしまうと、不安の塊になります。あの「欲求」あふれた若き頃とは反対に、「不安」が階層構造になってわが心をむしばむのです。マズロー先生にならって私が作成した「不安五段階説」図（90ページ）をご覧ください。

まず年を取ると身体のあちこちにガタがきて「不健康」不安が出ます。次に収入を失う「金欠」不安。この健康とお金という2大不安に加えて、会社を退職すると所属がなくなる「無所属」不安、そして誰にも認めてもらえない「孤立」不安が加わります。身体・お金・精神これらの不安にさいなまれた末にやってくる最悪の状態——それが「自己否定」です。自己を実現するのではなく、その反対に「自分には生きる意

図3

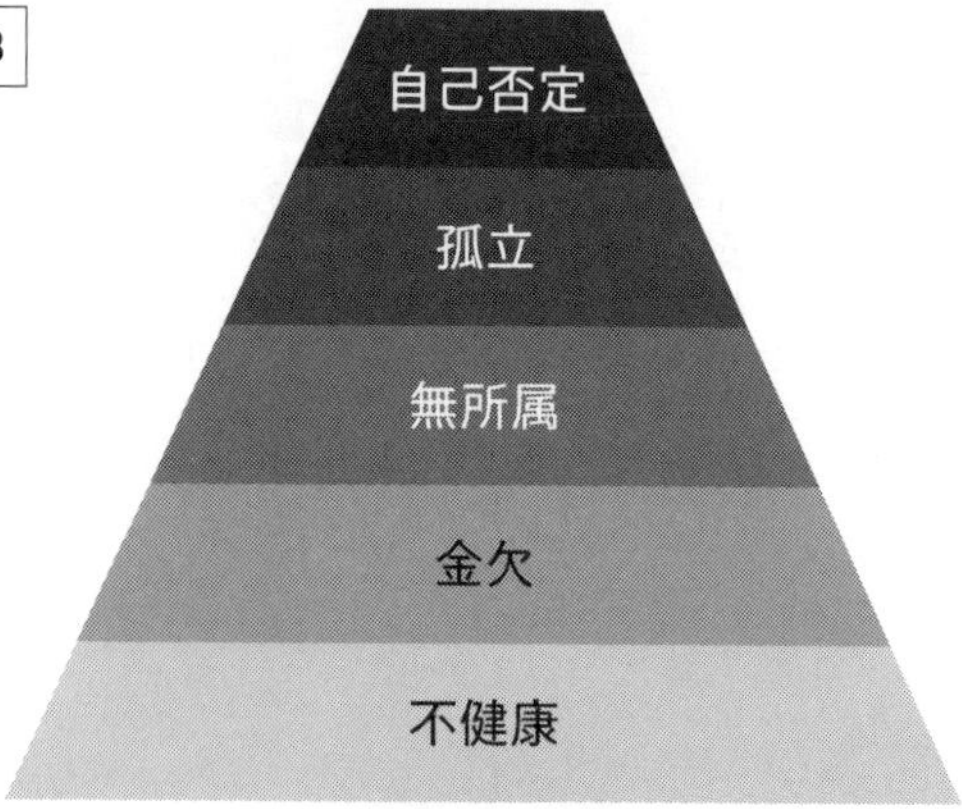

不安五段階説

味がない」とばかりにうつむいてしまうのがこの状態。

どうかこの図を冗談だと笑わないでください。健康不安から金銭不安、そして心の不安、これが階層的に重なってくると人間は誰だっておかしくなります。怒りっぽくなったり、不機嫌になったり、クレーマーになったりします。

それを避けるため、まずは健康に気を付けましょう。貯金をするために節約するのはいいことですが、身体に良いものを食べましょう。これから医療費の自己負担が上がるのは間違いありません。病気にならなければ医療費と時間の節約ができますから、これは貯金と同じ意味をもちます。「健康な身体」は貯金と同じ金銭的な価値をもつ——このことをしっかり承知しておきましょう。

そして「無所属」や「孤立」について私自身が気を付けているのが「自分のことを自分で褒める」こと。これはサラリーマンだけでなくフリーランスや自営業などすべての大人にいえることですが、「成功を積み重ねる人間」は成功しても周りが褒めてくれなくなります。なぜならその人は能力があり、成功するのが当然だと見えるからです。私もはじめて本を出したときは家族が全員でお祝いしてくれましたが、いまや新刊を出版しても「ふ〜ん」という言葉しかありません。何冊も出版するほうが難しく、価値があるというのに。しかしそれは受け入れねばならないのです。そんなときは「自分で自分を褒める」しかありません。それができないと「周りに賞賛を要求する」ようになって嫌われます。

私の友人であるN社長はすごく仕事ができる人格者ですが、会社の部下も家族も、誰も褒めてくれないそうです。そう、彼は優秀すぎて結果を出すのが「当然」としか見えないのです。気の毒なN社長。そんな彼は、クルマの運転を終えてエンジンを切る際、カーナビから流れる「今日も1日お疲れさまでした」の音声が唯一の癒やしだと言っていました。それでも笑顔を絶やさない彼のことを私は心から尊敬します。早くその境地に近づきたいものです。

自慢と説教と塩分は控えめに

フリーランスとして仕事をしたければ「人の縁」が欠かせません。100億円分を大勢に売るのではなく10万円分を少人数に売る「小さな商売」がゆえに誰に売るかが重要であり、その人との縁のつくり方、育て方がカギを握ります。

とくに最近多いサービス業の場合、売り手がサービスそのものであることが多いので、自分が「この人とまた会いたい」と思われるキャラクターでなければ仕事が続きません。「感じの悪い人だな」と思われたら最後、相手は黙って自分から離れていきます。そこでは企業取引にありがちな「会社の格」など関係ありません。人間同士のフラットな付き合いのなかで関係が築かれていくのです。

この点、年長者はとくに気を付けましょう。年長者の話には自慢、あるべき論の押し付け、説教が多いです。また成功した年長者ほど、その傾向が強いです。世間ではこれを老害と呼んでいるようですが、自慢と説教は会社で嫌われるだけでなく、転職や定年後フリーランス化を阻む壁になります。

「ベテランは若い人とチームを組むのが苦手」と言われぬよう、自慢と説教を控えめにしましょう。

「いつもの自慢話」と「お決まりの説教」が多くなると、みんなうんざりして離れます。それでも説教を止めないと部下や家族から敬遠され、孤立します。こうして老害の人は孤立し不機嫌になっていくのです。残念ながら河西氏もまたその階段を上っています。「年を取ったら自慢と説教と塩分は控えめに」

これが自らの時価を上げるために大切な一歩です。

フラットな人間関係をつくる

「いつかはフリーランス」を念頭に、会社以外の人と付き合う。そのとき年配の人間にとって一番大切なのは「偉ぶらない」ことです。

日本人は年齢が上というだけで威圧感が出てしまいます。とくに男性の場合はそうです。威圧感の気配を消しつつ、年下の人とフラットに付き合う技をマスターしなければなりません。

50歳を超えてくると、「自分が見た自分」と「人から見た自分」の像が大きくくちがってきます。自分自身はまだ若い未熟者のつもりでいても、若い人から「重鎮」と見られてしまうことが多々あります。その食いちがいを自覚しておかないと、こちらは失敗を「さりげなく注意」しただけでも、失敗した向こうにとってはとんでもない「厳重注意」と受け止められる可能性があります。

入社年次や年齢を基礎にした上下関係が強く、それによって仕事が進んでいる会社において、50代は自らの威圧感を消すよう心がけましょう。

ところで最近、役職定年の導入によって「以前の部下が上司になる」例が増えているようですが、個人的な感想として、あれはひどいと思います。それが合理的だろうと、他の国で常識であろうと、「以前の部下の下につく」方が気の毒に思えてなりません。私ならその段階で情熱を失います。私だけではなく、現時点の日本人はそこまで合理的に「上下関係」を割り切れないのではないでしょうか。

だからこそ私は「社外」で年下の若者とフラットな関係を築く練習をすべきだと思うのです。複雑な人事制度に振り回される会社の人間関係はさておき、会社の外にネットワークを広げましょう。その方法はいくらでもあります。オンライン環境の整備でさらにやりやすくなっています。

そして新たなネットワークに参加すると、それが仕事・勉強会・ボランティアであれさまざまな人間関係が生まれます。そこにはいいこともありますが、ストレスが溜まることもあります。そのストレスまでを含めて「学び」なのです。

偉ぶらず、そして賞賛を求めず、会社の仕事とは異なるモードで参加できる場を見つけましょう。

思い通りにならないことを楽しもう

私は最近、仕事、家族、友人付き合い、ボランティアすべてにおいて「すべては思い通りにならない」という精神で臨んでいます。そうでないと毎日イライラし通しになるからです。人間関係で怒っている人は例外なく「相手が自分の思い通りに動かない」ことに腹を立てています。

人は自分の思った通りに動いてくれません。まずはこの当たり前の事実を受け止めること。若い頃ならいざ知らず、年長者になったら「思い通りにならないと不機嫌」になるのではなく、「思い通りにならない」ことを歓迎しましょう。

南北朝時代の禅宗では「思い通りにならないときの心のゆらぎ」こそが〝風流〟だったそうです。我々もこの原点に返りましょう。

たとえば部下が仕事でミスをしたとき、レストランで注文したのとちがう品が届いたとき、ゴルフのティーショットが真っ直ぐ飛ばなかったとき、心の中でこうつぶやいてください。

「風流だなあ」

これが正しい用法です。怒りや絶望といった心のゆらぎすら楽しむ。これが大人の余裕なのです。

会社の予算会議で未達を責められたときも同じです。心のなかで「風流だなあ」とつぶやきましょう（口にしないほうがいいと思いますが）。

書店でトラブルに遭った河西氏も、〝風流〟ですませばよかったのです。彼はそれができず、あるべき論で若い相手を説教してしまった。

この「風流の精神」をもつことは定年後フリーランスにとって必須の条件です。これをもたないと年下の人とフラットに楽しく付き合えません。

若い人たちと積極的に交流しよう

定年と同時に、あるいは定年を待たずにフリーランスになる人は世間的にまだまだ少数です。彼らは控えめに仕事をしているため目立ちません。あるいは自らの存在を隠しているケースさえあります。しかし「定年後フリーランス」は確実に存在しており、かつ、増えています。

そんな定年後フリーランスたちは偉ぶりません。定年後フリーランスは当然ながら高齢です。その高齢者が商売のパートナーを見つけ、お客さんを探す過程で出会うのは年下が多いに決まっています。ここで自分が「偉そうモード」を漂わせてしまうと、若い人たちはみんな逃げ出します。

商売上の「売り物」をつくるためにも若い人との交流は大きなヒントになりますが、それにも増して「お客さんを探す」ために年下との交流は欠かせません。ここに抵抗や恥ずかしさを感じてしまうとフリーランスとして仕事の展開の幅が一気に狭くなってしまいます。

たとえば異業種交流会というものがあります。フリーランスや自営業を対象にした会もありますが、一度足を運んでみてください。ふつうの神経の持ち主なら「二度と行かない」と思うことが多いです。気に入ったなら参加を止めませんが、私はあの種の会が大嫌いです。なぜならそこには「売りたい年配者」ばかりが集まっていることが多いからです。

儲ける方法について情報をくれ、上手な広告方法の情報をくれ、顧客を紹介してくれ。そんな「くれくれモード」全開の人たちに会うと悪いカルマをもらって気分が悪くなります。

フリーランスに必要なのはそんな「売りたい人・くれくれ人間」のネットワークでなく、年齢や性別を超えて人間同士で付き合える仲間です。そのためにはいつまでも新鮮な好奇心を大切にしたいものです。

Bモードの背中を見せる

最後に私の経験からひとつエピソードを紹介して本章を締めくくりましょう。

社名は伏せますが、皆が知っている新進気鋭の大企業から会計研修の講師で呼ばれました。入社2~3年目、若い皆さんへの研修でした。

研修進行中、たまたまその部屋を財務担当の役員さんが通りがかったのです。「お、会計の勉強か」という感じでふらっと部屋に入ってきました。しばらく後ろで様子をうかがっていましたが、休憩時間に最前列にまで来て、結局最後まで私の話を受講されました。私も驚きましたが、受講されていた社員はもっと驚いたことでしょう。

講義終了後、その方が教壇まで挨拶に来られました。「先生、とてもおもしろかった。こんな講義を若いときに受けられるなんて、受講した社員は幸せです」と最高級の褒め言葉を頂戴しました。もちろん私はうれしいわけですが、それにも増して、この役員さんの行動・存在は若い社員にとても大きな影響を与えています。

若い社員の受けている講義に役員が好奇心のままに突然乱入する。これは他の会社ではまずありません。変なプライドが邪魔するからです。この方の行動は「Bモードの学び」といえるでしょう。おもしろそうだ、これは聞きたい！　そう思ったら仕事を放り出して教室の最前列へまっしぐら。しっかりメモしながら勉強する姿は、若い人にとってすばらしい見本になったことでしょう。

威張らず、正論を押し付けず、好奇心旺盛なBモード背中を見せること。

いつまでも謙虚に学びを楽しむ姿勢を忘れずにいたいものです。

第2章

現役世代のための「フリーランス思考」のすすめ

ストーリー2

【公私ともにお疲れ気味の働き女子たち】

「もう、やんなっちゃうよ」

頬杖つきながら、ため息まじりの言葉がこぼれた。

書店の脇に併設された喫茶スペースにいるのは私たちだけ。テーブルをはさんで座る2人の間には、おしゃれな空間に似合わない空気が漂っている。

他にお客さんがいないせいで、いつもより気楽に愚痴を言える。

「今日なんかさ、新書だって言われて探したらぜんぜん見つからないの。そしたら新書じゃなくて新刊でさ。『新刊の単行本ですね』って訂正したら、『うるさい、新書だ』って譲らないんだもん。その対応だけで30分」

聞き終えた美鈴は思わず吹き出した。

「なにそれ、本屋さんの店長も大変だね。そんなにクレーマーって多いんだ」

「マジで大変なんだから。店頭だけじゃなくて、メールでもいっぱい来るよ、クレーム。しかも買った本の内容について文句つけられるの」

「本屋のせいじゃないじゃん、そんなの」

「でしょ？　でも、うちに来るんだよ、この本のここがおかしいって。そんなメールの対応って、すごく疲れるんだよね。それで先月も一人辞めちゃったし。今回の河西さんの件でも青木君、まいっちゃってさ。あの子まで辞めちゃったらどうしよう」

注文された書籍を間違って他の人に売ってしまい、河西さんから怒鳴られた学生アルバイトの青木君。その後、たびたびやってくる河西さんを見ては震え上がっている。今日も雑誌の在庫を訊ねられて緊張。端末で検索中に「客を待たせすぎだ」と急《せ》かされてパニックになってしまった。

「青木君に辞められたら、うちの店、回んないよ。そのときは助けてね、美鈴」

冗談だとわかっているが、ほんとに助けてあげたいくらい真知子は大変そうに見える。小柄で頼りなかった彼女はいま、書店だけでなく併設されたこのカフェの店長も兼ねている。毎日遅くまで働いているみたいだし、身体が心配。

「あなたのほうはどうなの？」

突然ふられても簡単に言葉が出ない。何をどこから説明すればいいのだろう。ひとつだけ確かなのは、家に帰りたくないからここに立ち寄ったってこと。

「仕事はたいへん？」

「う～ん、大変だけど、本屋さんの店長ほどじゃないかな」

でもやっぱり会社の仕事は大変。みんなは「大手は給料が高くていいね」と言うけど、毎晩毎晩遅くまで働いている。おかしなルールのせいで意味のない書類ばかりつくらされ、「何やってるんだろう」と疑問に思う。一度きりの人生、もっとやりがいのある仕事をしたいけど、この会社辞めたら生きていけないし。


暗い気持ちに追い打ちをかけるのが母親のこと。去年入院してから心細くなったようで、毎晩のように電話をかけてくる。お決まりのセリフは「いつ帰ってくるの？」。こんどはいつ帰る？　今週？　来週？　来月？　年末年始は？

独身一人暮らしだからって、毎週毎週、実家に帰れるわけがない。さらにうんざりするのが、お父さんの悪口。家でゴロゴロしている父親の世話に、母は疲れてしまったらしい。病弱でつらいのはわかるのだけど。そこに最近、さらなるダメ押しが加わった。「私、この家を出てあなたの家に引っ越したいんだけど、どうかな？」

この話題が繰り返されるようになって、居留守を使うことが増えた。

母親の電話に居留守を使うまでの顚末《てんまつ》。それを聞き終えた真知子が小さくため息をもらし、感慨深げにつぶやく。

「親の介護かあ。私たちもそういう年になったんだね」

2人が大学を卒業してから20年、まだまだ若いつもりだったけど、「親の介護」のことを考える歳だなんて……。

「私たち、この先どうなっちゃうんだろう。考えてもしょうがないけどね」

おしゃれなカフェの空間に2人のため息がしずかに溶けていった。

＊　＊　＊

美鈴42歳。東京で一人暮らしの独身。都内の大手食品メーカー総務部に勤務。

近所の書店で店長を務める真知子は学生時代からの友人。

会社のマネージャーに昇格してからというもの、美鈴の帰宅時間は遅くなる一方。残業を減らしましょうというかけ声のもと、「部下を早く帰すために」自分は今までよりさらに働く日々。部下や友だちと食事に行く機会はめっきり減り、帰り道に書店に寄って親友の真知子とおしゃべりするのが数少ない楽しみ。以前は休みのたびに旅行へ行ってたけど、いまは2人とも忙しくて会う機会が減っている。

仕事に人生を捧げてしまっているような徒労感。そして親からのプレッシャー。このままだと会社と親に人生を捧げるだけで終わりそう。定年までずっとこんな生活が続くわけ？

私の未来も暗いけど、それより疲れた顔の真知子が心配。このままでは「長期休養が取れたのは入院したとき」になってしまいそう。

「いっそのこと、そのクレーマーの人、雇っちゃえば？」

「……えっ？　どういうこと」

「だから雇って、クレーマー対策に力を貸してもらうんだよ」

会社は軍隊的な組織である

サラリーマン男性に負けず劣らず、女性もまた疲れています。

しかも安心・安定の職場であるはずの大きな企業や公務員、学校の先生などに勤務する皆さんに疲れが目立ちます。これはいったいどういうわけでしょう?

もちろん男女の関係なく、そして年齢にも関係なく、すべての働く人にとって職場が快適であり、自らが成長できる場であるのは望ましいことです。またすべての構成員が自らの能力を発揮し、評価される場であればみんなやる気になります。

しかしながら日本の会社を見ると、その運営ルールがどうも男性に対して有利につくられているように思えてなりません。その証拠に、私が講師でお伺いする大きな組織では、幹部研修や取締役研修に出席されるのはほとんどが男性でした。

ルールが男性向きにつくられているのであれば、女性がそこで出世できず、疲れてしまうのは無理がありません。

そんなことを考えながら、ずっと以前から私は「そもそも会社組織が男性向きなのではないか？」と漠然と考えていたのです。これについて重要なヒントをくれる本がありました。それが『ビジネスゲーム』（ベティ・L・ハラガン著、福沢恵子・水野谷悦子共訳、光文社／知恵の森文庫）です。

アメリカで超ベストセラーの本書、著者が女性目線から「会社は軍隊である」と喝破しています。うすうすそんな気がしていましたが、本書を読んで改めて会社は軍隊的組織だと納得しました。

軍隊は好戦的な男たちが勝利を目的として結成する組織です。会社がその伝統を受け継いでいるとしたら、戦いを好まない女性にとって居心地がいい場所であるはずがありません。そこにいたら女性が疲れるはず。

男と女の性差ですべて説明できる話ではありませんが、男性的気質vs女性的気質と考えればかなり説得力があります。ちなみに私は本書でいうところの女性的気質が強く、「だから自分は組織勤めに向かないのか」と合点しました。

冒頭ストーリーに登場した美鈴さんも、そして友人で書店の店長を務める真知子さんも、仕事にずいぶんストレスを抱えている様子。もしかしたら彼女たちもまた軍隊的な組織気質になじめないのかもしれません。

自分を正しく評価して自信を取り戻す

人は「自分に向かない場所」にいると実力を発揮できず、疲れます。やがて、口を開けば愚痴を言うようになります。上司がいかにひどい人物であるか。そしてお次が「自分はダメな人間か」といった自虐トーク。そんな愚痴や悪口、自虐もある程度は許されますが、いつもこれだと聞かされるほうはうんざりします。男性が繰り広げる「自慢と説教」に対し、自己評価低め女性に多い「愚痴と自虐」。足して2で割ればよさそうですが、そういうわけにもいきません。

他人と良いコミュニケーションを取るためには、愚痴と悪口は控えめにしたほうがよいでしょう。ちなみに私は自らに「20％ルール」を課しています。誰かと会ったとき、愚痴と悪口は「総会話時間の20％以下」にするという自主規制。経験上、これくらいに止めておかないと具合が悪いです。もちろん超過することもありますが、そのときは相手にお詫びした上で店の勘定をもつようにしています。さんざん愚痴を聞かせた上でワリ勘にしたら、天罰が下りそうですので。

さて、『ビジネスゲーム』著者の言う「会社は軍隊である」という指摘が正しいとして、

・軍隊的組織の特徴とはどういったものなのでしょう?
・軍隊的組織に向く人と向かない人のちがいは?
・軍隊的組織から定年後フリーランスに変身するコツは?

これがわかれば組織で苦しむ女性も自らの環境について把握することができ、心の安定を取り戻すことができます。「本当の自分」を取り戻せば、「自分は何がやりたいのか?」のBモードを思い出せるかもしれません。これはもはや心のリハビリといえるでしょう。

お疲れ状態が長く続く女性は自己評価が低くなりがちです。

この点、そもそも会社にお勤めの男性には自己評価の高い方が多く、女性には低い方が多いように見えます。それは会社が軍隊的組織だからなのでしょうか？

自分のことを高く評価しすぎてはいけません。それでは傲慢になってしまいます。一方で低く評価するのもいけません。それでは卑屈になります。

その傲慢と卑屈のちょうど真ん中に自信があります。私たちは自分を正しく評価して自信をもたねばなりません。

「上が納得しない」が効果的な理由

大組織で自己評価高めの男性がよく口にするフレーズに「君は組織というものをわかってない」というものがあります。私がこれまで経験した仕事トラブルにおいて、何人もの相手がこのセリフを口にしました。

そんな「組織というもの」を大切にする人は「上司が納得しない」という言い訳を多用します。私はあなたの言い分を理解するが、今のままでは上司が納得しない。だからあなたが折れてくれ、と、そんな内容です。

私からすればまったく理解不能な説得です。その上司はあなたの上司であって私の上司ではない。よって私はその上司の言うことを聞く必要はない。そう考えるわけです。しかし「上が納得しない」――これはビジネス界においてとても使い勝手のいいフレーズです。なぜならこれで相手が折れてくれることが多いからです。

私は「知るか」と突っぱねますが、そんな人間はフリーランスでもごく少数。日本人はこれを飲んでしまう人が多いです。とくに年配の男性はこの泣き落としに弱い。無意識のうちに「軍隊的組織である会社」の指揮命令系統と、そこにおける兵士の苦労をわかっているのでしょう。


「上が納得しない」に効果があることは認めつつ、フリーランスを目指す方はこれを使わないほうがいいでしょう。フリーランスになったら「上」がいないわけですから、サラリーマンのうちから自力で説得することを心がけましょう。

また、いつも組織人の「上が納得しない」にやられて納得できないフリーランスには、この場でこっそり秘密の技を伝授します。自分も組織相手の交渉の際、「上が納得しない」を使ってください。本当は自分しかいなくても、「その報酬金額では経理マネージャーが納得しません。私が叱責されるので少々値上げをお願いできますか？」と伝えるのです。

え、ずるいって？　いえいえ、そんなことはありません。相手に合わせるだけです。

ピラミッド組織の大原則

軍隊的組織において、指揮・命令の系統は極めて単純にできています。これを複雑にすると指示が混乱して、戦いに負けてしまうからです。

その指揮・命令の原則とは、

「直属の上司の言うことを聞け」

と、これだけです。

会社でも組織は軍隊と同じく三角形ピラミッドの形をしています。社長が1人いて、副社長が2人いて、取締役が5人いて、部長が10人いて……と、下の階級に下がるに従って人数が多くなるカタチ。そこで命令は上の偉い階級の人から部下に向けて発令されます。すると出された人がそのまた部下に命令を出す、というように上から下に向けて「命令の連鎖」があります。

ここで、すべての指示・命令は必ず直属の上司から発せられます。ここはとても重要なところ。

これを崩してしまうと構成員に複数の上司から命令が届くことになって混乱が生じます。直属の上司であるA上官とお隣のB上官の両方から異なる命令が届いた場合、どちらに従えばいいのかわからなくなります。

よって軍隊では「直属の上司の言うことを聞け」が原則となるわけです。

ピラミッド組織に慣れた男性はこれをすぐさま直感的に理解しますが、女性あるいは非軍隊的気質の男性のなかにはこの原則を理解できない方がいます。

たとえば、直属のA上官が頼りにならないからと、隣の部署のB上官にお願いに行く人。本人は「そのほうが早く仕事が進みますから」とまったく悪気がありません。しかしこれは絶対にNGです。軍紀違反でどこかの国なら銃殺されてもおかしくありません。

実際に某企業で発生した事例においてはA上官が「俺に断りもなく、勝手なことをして」とカンカンに怒ってしまい、部下女性はしばらく会議に呼ばれなくなったそうです。ハブられた本人は「何なのよ！」とお怒りでしたが、むしろその程度ですんでよかったです。

彼女は隣の部署のB上官のほうが問題解決に適していると判断し、その指示を仰ぎました。しかしB上官のほうが優秀だったとしても、これはNGなのです。問題の解決より、指揮命令系統を優先するのがニッポン軍隊企業。この点、柔軟な女性ほど指揮命令系統より問題解決を優先してしまい、混乱を引き起こしてしまうようです。

組織において「上司からの命令」と「自らの判断」が異なる場合、いずれを優先するかは古くて新しい難問です。組織の性質や時代によって正解は変わりますが、大切なことは、いずれの立場に立つ人も、「自分とはちがった反対側の人がいる」ことを理解することだと思います。

フリーランスへの第一歩は相互理解

これと似たパターンで組織に混乱を生じさせるのが「頭越し」に相談する人。直属の上官Aと話がまとまらなかったときやこじれたとき、上官Aの上司であるX長官に直接相談に行ってしまう人がいます。これもやはり女性に多いパターン。

「あの課長、ぜんぜん役に立ちません」と部長に直訴してしまう事例、これまた組織では嫌われます。これが認められれば上官Aは立場がありません。また、A上官→本人、X長官→本人という二重の指揮命令系統が生まれる可能性があります。よって頭越しの直訴もまた軍隊ではNGです。

ちなみに知人の米国海兵隊出身のアメリカ人から、「海兵隊より日本の会社のほうがよっぽど軍隊式でした」との証言を得ました。わが国の会社では直属上司をないがしろにする「頭越し直訴」行為は不文律のうちに嫌われますので、十分にご注意ください。それは直属上司に過剰なほど気を遣って行動する「忖度《そんたく》マン」の真逆の存在だということを自覚しましょう。

領空侵犯女と直訴女、いずれにおいても本人たちに悪気はありません。そこに最大の不幸があります。組織の命令系統を重視する男上司、それを理解せず軍紀違反を犯しまくる女部下。両者のすれちがいが深刻かつ根深い対立に発展する事例が日本中で発生しています。これが男性側に怒り、女性側に疲れを発生させているというのが私の分析です。

「どうして勝手なことばかりするんだ」と怒り心頭の男上司Aは、女性部下のわがまま行動が気に入りません。女性のほうは「だってAさん、解決できないですよね」と涼しい顔をしています。これが上司Aの怒りに油を注ぐのです。しまいには「もっと俺を尊敬しろ」とばかりに尊敬強要モードに突入。こうなるともう手が付けられません。賞賛要求ゴジラ状態。

「なぜ出張に出るとき、俺に『行ってきます』と挨拶しない」などと理不尽な怒りが暴走し始めます。こうなると女性部下は「バカじゃないの?」と呆れ果てます。こうなるともはや解決の糸口はどこにも見当たりません。

これをくだらないトラブルと思わないでください。この対立の根っこには「何を優先しているか」のちがいがあります。組織の論理、指揮命令系統を重視する軍隊的気質の男性に対し、組織の心地よさや共感による問題解決を重視する女性。

まずはこの「ちがい」をお互いに理解しましょう。それぞれが相手の気質を理解することで対立が減ります。そしてこの相互理解は定年後フリーランスへの偉大な一歩でもあります。

Bモードの喪失を避ける

軍隊的気質のままではフリーランスになってチームが組みにくいです。男性（および女性のオジさん）はそのことを自覚しましょう。そして女性はフリーランスになってから相手にコテコテの軍隊的気質が出てきても大丈夫なよう、いまから柔らかな対応を練習しておきましょう。

指揮命令系統だけではありません。日本の会社には「軍隊流」の組織・行動・思考パターンが数多く存在します。

たとえば顧客を訪問する人たちを営業部隊と言います。部隊だからといって顧客を攻撃しません。お客さんのことをターゲットと言いますが、これは銃で狙う標的のことです。ラインとスタッフも、リクルートも、ケーススタディもすべて軍隊用語です。そして極めつけは戦争の「戦略」。もはやそのままです。

軍隊の戦闘には勝利という明確な目的・ゴールがあります。また会社にも利益を稼ぐ目的があります。いずれの組織においても目的達成のために命令が下される以上、その内容には must が多くなります。この must とは「やらねばならない」義務であり、「命令には絶対服従」が原則です。

冒頭ストーリーの美鈴さんのように「バカバカしい」と思う業務であっても、それが直属の上司からの命令である限り、任務を遂行せねばなりません。

その従順さと引き換えに給料をもらえる面があるので我慢するしかないのです。問題はその環境下で仕事しているとmust仕事をこなす「Dモード」が染みついてしまうこと。「おもしろい仕事を考える」Bモード思考がなくなってしまうことです。

この「Bモードの喪失」はフリーランスになる上で最大の障害です。

美鈴さんのように会社でストレスを感じる人は、その状態を抜け出すべく「会社の外」に新たな居場所を探したほうがいいかもしれません。そのような「気持ちの切り替え」がいまの疲れた日本人に必要ではないでしょうか。

転職ではなくフリーランスという選択

美鈴さんのように会社の仕事になじめない女性の場合、転職して元気になればいいのですがうまくいくとは限りません。転職しても根本的な問題が解決されず、「またうまくいかない」ケースがあります。

そんな人を何名か見ましたが、本人はひどく落ち込んでしまいます。しかしそれは「軍隊的組織になじめない」だけかもしれません。

軍隊的気質の強い経営者によって運営される組織は、職種や規模に関係なく軍隊的な運営になります。これは年配男性によって運営されているケースが多いですが、女性経営者の場合でもあり得ます。私見ですが、男性軍人のなかで揉まれてのし上がってきた女性には「男性よりも男らしい」人がかなりいます。

つまり軍隊的気質になじめない方は、それがイヤで転職しても、転職先がまた軍隊ということがあり得ます。実のところ、私もそんな「上官の命令に絶対服従」的な組織が大嫌いで、それゆえフリーランスになったところがあります。

最近の傾向を見ると、軍隊的気質の強い会社組織は若い人から好かれない傾向があるように感じます。スポーツの世界でも、昔は強豪校の監督が選手をぶん殴る光景をよく目にしましたが（人目に付かないところでけっこうやっていました）、さすがにそれはなくなってきたようです。選手の才能を伸ばし、努力を応援できる監督・コーチのほうが評価されるようになってきました。これはとても良い変化だと思います。ぜひ会社もそうなってほしいところです。

ただし現実問題として、日本組織の軍隊的気質がなくなるかといえば、それはしばらく無理でしょう。それに期待するより、自分自身が変わることを考えたほうがいいです。

そのために必要なものがすでにお話しした「第3のリスキリング」、つまり定年後フリーランスを目指す学びです。

歴史的にいまほど「フリーランスを目指す学び」が大切なときはありません。

第2就活の重要性が増してくる

ここで少々話題を変え、「定年後」をめぐる歴史について説明しましょう。

人間の一生はおおよそ3つの期間に分けられます。それが「子ども期・大人期・老人期」です。

この3つの長さや過ごし方は歴史とともに大きく変化してきました。それは主として「働き方の形態」によって変わってきています。

図をご覧ください。15世紀までの農業が中心だった時代、「子ども期」はとても短

図4

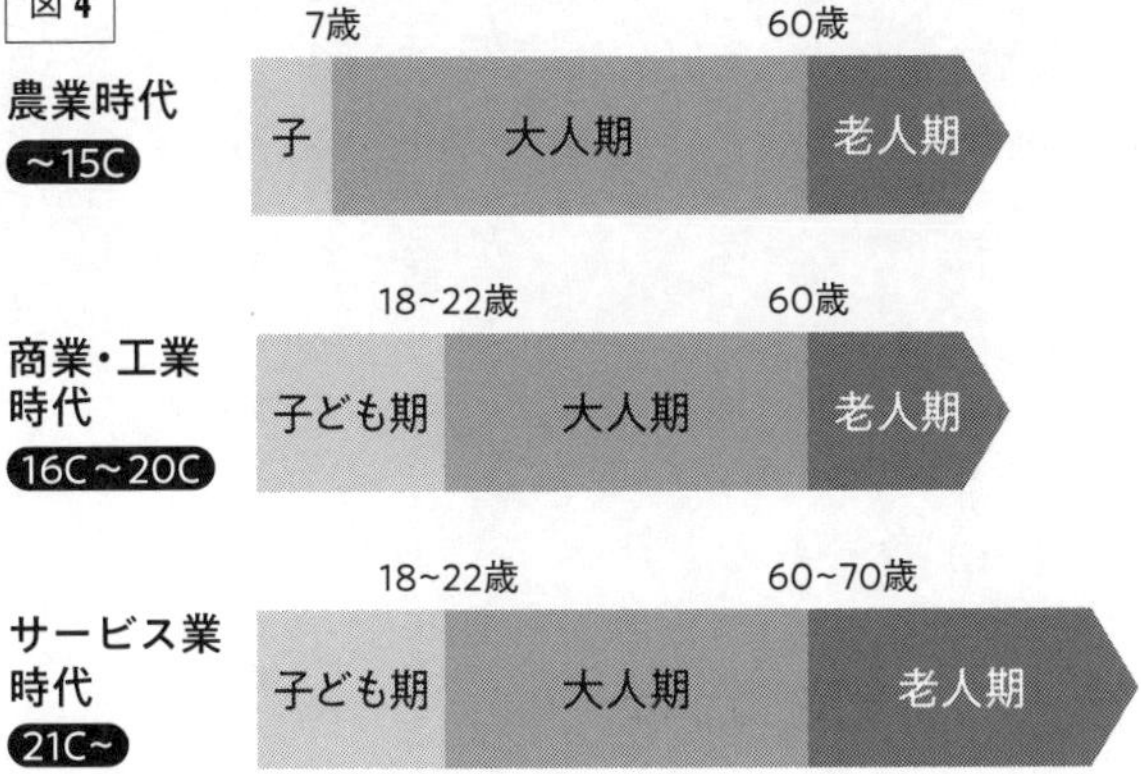

いものでした。言葉を話せる7歳くらいになると大人と一緒に農場で働きます。次の「大人期」はだいたい60歳まで。ここで力仕事を引退して働かない「老人期」に入ります。働かない老人の面倒は、基本的に家族がみていました。

16世紀から20世紀にかけての商業・工業が中心の時代には、「学校」が登場して子ども期が伸びます。未成熟な子どもを教育する役割が家庭から社会に移ります。ここで「社会人としての基礎教育」を受けた子どもは、学校卒業後の大人期に「会社などの組織」で働きます。商業と工業では大組織が続々誕生しており、子どもはここに就職して60歳の定年まで働くわけです。

農業時代にはあいまいだった大人期と老人期の区切りが、会社の登場によって「定年」という形で徐々に明確になっていきました。商業・工業時代の老人の面倒は、家族に代わって国家や会社がみるようになります。これが退職金・年金といった社会保障制度の始まりです。

ここでは学校でしっかりした教育を受け、良い会社員・公務員として雇ってもらえるかどうかがとても重要です。それは現在でも「就職活動＝就活」として受け継がれています。


そして現在の21世紀。この期の特徴は医療の発展などによって平均寿命が伸び、「第3期老人期」が長くなったことです。第1期と第2期はほぼそのままに、第3期だけが伸びてきたことから、「第2期の蓄えを第3期に回す」従来の考え方ではもたなくなり、社会保障と雇用の見直しが進んでいます。もはやこれは「第2期の貯金でなんとかする」というレベルで解決できない問題なのです。

過去に例のない「長い老人期」をどう生きるか。第2期から第3期の労働、お金、家族関係をどのように構築するか、私たちはそれを考えねばなりません。

これまでずっと「第1期から第2期への移行」に関わる就職活動が重要でしたが、これからは「第2期から第3期への移行」に関わる「第2就活」が重要になってくることでしょう。

「サラリーマン時代のクセ」は捨てよう

学生を卒業して会社に就職する「第1就活（俗にいう就活）」と、会社を卒業して定年後の仕事を考える「第2就活」の共通点と相違点はどこにあるでしょう？

共通点はいずれも「新たな環境に向けて準備する」ことです。

第1就活に臨む学生は会社をしっかり調べ、自分の未来を託すのにふさわしい会社を選び、応募します。

第2就活で定年後フリーランスを目指すサラリーマンも同じで、定年後に何をしたいのかBモードをもとに考え、それで稼げるように仕事をつくります。

そして相違点ですが、第1就活の場合、そもそも働いた経験がない学生は仕事についてあらゆることを「学ぶ」ことになります。これに対してすでに労働経験のある第2就活サラリーマンは、「捨てる」ことと「学ぶ」ことの両方が必要です。

というのも、何度も繰り返している通り、軍隊的に運営されている組織での経験はフリーランスになる上で阻害要因になる可能性があるからです。

独立開業したければ捨てるべき軍隊気質をキレイさっぱり「捨てる」こと。それを心がけましょう。その上で商売の基本を「学ぶ」ことです。


第2就活における失敗者は、捨てねばならない「サラリーマン時代のクセ」を引きずったままフリーランスになろうとしています。このような「なくしたくてもなくせないサラリーマン時代のクセ」について、私の友人であり、マーケティング分野に著作の多い阪本啓一氏は「サラリーマンのしっぽ」と名付けました。

本来、進化のプロセスでなくなるはずのしっぽがまだついている状態。しかもそれはお尻についているため、自分は気が付きません。でも、相手からはしっかりと見えているのですよ、ふさふさしたしっぽが。これでは定年後フリーランスになれません。

まずは「自らのしっぽ」に気付くこと。そしてそれを取り去ること。これがフリーランス・リスキリングの始まりです。このしっぽを取らずして「学び」をいくら積み重ねてもフリーランスとして成功するのは難しいです。

まずはサラリーマンのクセを捨て、次に必要なことを学ぶ。この順番を覚えておいてください。

なぜ、上下関係なく付き合えないのか

まず最初に捨てるべきしっぽが何かといえば、「階級」への意識だと思います。

軍隊的組織では上下関係について「階級」が設定されます。この階級制度がそのまま会社やお役所の組織に受け継がれました。

一番偉いのが社長、取締役が次に偉く、部長がその次……と、社内の上下関係を示す階級制度はわかりやすく決められています。軍隊的気質の男性たちはこの階級序列

について非常に敏感です。自社のなかだけではありません。階級序列を重んじる精神は、他社の階級を尊重することにもつながります。

他社との打ち合わせや会議、そして飲み会においても男たちは「階級と参加人数」を先方に合わせようと気を遣います。その気遣いは滑稽なほどです。
「えっ、向こうは部長が出席するの？　こっちが課長じゃまずいだろ」
といった「序列チューニング」とも呼ぶべき行為が、他社との打ち合わせのたびに繰り返されます。

これはデジタル環境にも入り込むようで、ある大企業男性は「Zoom画面で自分の顔が部長より上にあると落ち着かない」と話していました。これは私見ですが、そのうちZoom社は日本限定で「上司が必ず画面の上にくる」あるいは「上司が退室するまで部下は退室できない」仕様を発表するのではないかとにらんでいます。

そんな階級序列重視に慣れるうち、軍隊的気質の人は「上下関係なくフラットに付き合う」ことが苦手になります（最近は女性にこのタイプが急激増殖中です）。

これはかなり重大な「サラリーマンのしっぽ」です。

無意識に序列チューニングする男たち

セミナーのグループワークでよく観察される光景ですが、見知らぬ人と組むことになった男性は、挨拶と同時に「とりあえず名刺交換」を行います。

彼らは瞬時に受け取った名刺から「社名・肩書き」を確認するのです。

「○○株式会社の部長か。だとしたら年齢は50歳くらいだな」とか。

こうした序列チューニングを頭の中で瞬時に行い、誰に対して敬語を使うべきか、誰と仲良くするべきか、といった行動計画を立案します。そのスピードたるや、ＡＩもかなわないレベル。

ちなみに年配の男性が多く参加するセミナーやグループワークでは、その前に「名刺交換タイム」の時間を取るのがセミナー主催者の隠れた鉄則です。これを行うことでグループワークがスムーズに進行します。名刺交換を省いてしまうと、オジさんたちは打ち解けるのにすごく時間がかかってしまうのです。

私が講師のときも年配男性サラリーマンが多いグループワークでは冒頭に「名刺交換タイム」を設けます。


それはセミナーを円滑に進めるために必須の手順ですが、そんな私がかなり驚いたのが某・女性限定セミナーでのこと。

集まると同時にグループに分かれましたが、皆さんまったく名刺交換をしません。相手がどこの会社なのか、役職、年齢、そんなことはまったく関係なく、楽しげにお話しされています。

「皆さん、すでに知り合いなんですか」と訊ねる私に「いえ、皆さん初対面です」と主催者。これを聞いて私は軽く衝撃を受けました。目の前で展開されている和気藹々《わきあいあい》とした雰囲気は、初対面の男性同士ではお目にかかれないものだったからです。

しかも私の講演が始まると、参加者はシャンパン片手に私の話を聞いています。

「先生も一杯いかがですか?」と勧められ、私もシャンパンを飲みながらお話ししました。これまたお堅いビジネスセミナーではあり得ない光景です。

女性参加者の初対面で仲良くなれる柔軟さに感心すると同時に、その会の雰囲気をつくり育ててきた主催者の手腕に驚きました。「こういうこともできるんだ」と。

上下ではなく共感で動く女性たち

これまで大企業勤務の男性参加者を相手に企業研修やセミナー講師をやってきた私にとって、その「女性限定セミナー」の経験は、大げさでなく仕事の転機となりました。自分がいかに狭い世界で仕事してきたかを思い知り、ここから脱・軍人の道のりを歩むことができたように思います。

その会で知り合いになった数名にお声がけし、私が講師として「孫子の兵法」を教える「女性限定・孫子の兵法勉強会」を立ち上げました。

参加者の多くは東京の大企業で働く女性たち。月に一回の開催ですが、途切れることなく10年も続いています。

始まったばかりの頃、女性ばかりの会の雰囲気に驚くことが多々ありました。たとえばそのひとつが「オチがないこと」。

私のなかにある軍隊気質は、それがどんな集まりであっても「何のために集まったのか」の目的やゴールを意識してしまいます。

いつも会議やセミナーでは「何のために参加したのかわからない」と非難されないよう、目的・ゴールを明確にしてきました（このセリフで文句を言う男性がとても多いのです）。

ところが女性の勉強会では、「思ったことや感じたことを何でも話そう」という運営方針のせいもあって、みんな勝手気ままに話して終わってしまいます。

そんなオチのない状態について「ああ、スッキリした」と感想を述べる皆さんのことを最初は「宇宙人か」と思いました。なんとまあ、感覚がちがうものかと。

あとは男性がいないことで「序列の意識が希薄」であることも、この女性限定勉強会の特徴です。会社・肩書き・出身校・年齢によって上下が決まるような階級的な雰囲気はありません。

困っている人がいたらそれを助ける人がいる。わからない人にはわかっている人が教える。上下でなく共感に基づく問題解決。そんな空気を感じます（だから彼女たちは領空侵犯・直訴をやってしまうわけですが)。

自分と異なる属性の人々と接してみると、「人間はいろいろだなあ」と実感します。男と女、子どもと大人、日本人と外国人、ビジネスマンとアーティスト、そんなカテゴリーで分けるのがバカバカしいくらい人それぞれ。自分の住む世界とかけ離れた世界で生きる人たちと接すると、序列や勝ち負けの意識を感じなくてすみます。ありがちな「マウントを取る」人もおらず、「そんな価値観で生きているのか」と素直に感動することができます。そんな気持ち良さこそが自分の視野を広げてくれます。

できるだけ遠い場所の人と組む

女性限定勉強会での良い経験を踏まえ、私が仕事をしていく上で「これだけは」と心がけていることがあります。

それは「できるだけ遠い場所にいる人と組む」こと。

逆に、近い場所にいる人との仕事、会合、パーティーは可能な限り避けます。

私が会計士なので同じ会計士の人、あるいは士業の集まりは避けます。また自分が年配の男性なので、同世代オヤジの集まりは避け、若い人や女性との仕事や会合を優先します。私がビジネスマンなので落語家や講談師さん、アーティストたちとの関わりを大切にしています。また日本人としてご近所の仕事はそこそこに、外国人との仕事や海外イベントには前のめりで取り組みます。

フリーランスを目指すのであれば、同業者や同窓会といった「同」の付く集まりは遠慮したほうがいいと思います。なぜかといえば「同」の付く集まりは話が通じやすく楽だからです。お互いの苦しみがわかるので傷のなめ合いになりがち。それはストレス発散には向いていますが「新しい仕事をつくる」ことには向きません。

では「異」が付けばいいかといえば、「異業種交流会」の多くは名前こそ「異」ですが似たような「売りたい人」がつるんでいることが多いです。

若いときならいざ知らず、人生の残り時間を数える年齢になったら時間を有意義に使わねばなりません。

「遠い場所の人たちと組む」――この意識だけで錆《さ》びずにすみます。

ビートルズを見いだした男がやったこと

命令には絶対服従、領空侵犯も直訴も許されない軍隊的組織。その気質を引きずったままでは、フリーランスになれません。

だからといって「自分には無理か」と諦めるのは早すぎます。自分自身に気が付けば大丈夫。人は自覚ができれば反省ができ、そこからいくらでも変われます。

ここで元軍人ながらキャラクターを変えて大成功した男性をご紹介しましょう。

彼の名はジョージ・マーティン。あのビートルズを世に出した名プロデューサーです。

イギリスの軍人だったジョージ、第2次大戦での戦争経験を経てビジネスマンになりました。音楽ビジネスを展開するEMIに入社、プロデューサーの職に就きます。

無名の新人ビートルズのデモテープを聴いて「ピンときた」彼はビートルズと契約

しました。複数のレコード会社からデビューを断られていたビートルズはとうとうジョージ・マーティンに見いだされました。ジョージは自らプロデューサーとして4人の「お世話係」を務めることになります。

アメリカでデビューし成功の後、ドイツデビューに当たってEMIから「抱きしめたい」をドイツ語録音するよう命令が来ました。当時のドイツには「ドイツ語でないと曲が売れない」常識があったのです。大きな組織は前例に囚われがちですが、これはその典型。

レコーディングの日、ビートルズ4人はスタジオにやってきません。彼らは「ドイツ語録音」をアホらしいとすっぽかしました。ジョージは怒り心頭で彼らのホテルを訪れます。4人が宿泊する部屋に入った瞬間、彼らはスイートルームのあちこちに逃げて隠れたそうです。

まるで子どものような彼らをジョージは押さえつけることなく盛り上げ、調子に乗せ、スターダムにのし上げました。もちろんドイツでも「抱きしめたい」は英語版のままヒットしています。

元軍人がしっかり守りを固めつつ、若い才能を開花させる――こうした年配者と若人のコラボは、最近のＩＴ系企業のあちこちでも目にします。互いの持ち味をうまく組み合わせる「守りの年配者&攻めの若者」コラボ、これは時代を問わない黄金の成功パターンです。この組み合わせこそがイノベーションを起こす秘訣。

年配者の皆さん、年寄り企業の顧問や社外取締役を目指すのもいいですが、ジョージ・マーティンを見習って若い才能と組むことを考えましょう。

フラットな人間関係の唯一の欠点

軍隊のようなピラミッド組織で働き、タテ気質が強くなるとフリーランスに向きません。まずは年齢性別など関係なくフラットに付き合うことが大切――と、ここまでは間違いありません。

ジョージ・マーティンも年齢や立場でビートルズの4人を押さえつけることなく、彼らのやりたいことを尊重し、フラットに付き合ったからこそ成功しました。

最近はそんな「フラットな人間関係」に基づく組織運営が注目されています。たとえばweb3で注目されているDAO（分散型自律組織）などがこれに当たります。

確かにフリーランスの仕事はこの分散型自律組織と親和性が高いかもしれません。ピラミッドではなくネットワーク組織的に仕事が展開されるイメージです。

しかし個人的な感想として、ネットワーク組織がすべての点で優れているということはありません。フラットな人間関係で成立している組織で、何が困るかといえば「決められない」ことです。構成員が自由に意見を言い合える空気はすばらしいです。アイデアを出し合う段階ではすばらしく効果的です。

問題はその後。さまざまな意見が出たあとで「どれかひとつを決める」ことができにくいこと。なぜならフラットな組織は「権力をもつ管理者」を否定しているため、「誰かが決める」ことができません。すると「決められない」状態が長引き、混乱が生じます。私はボランティア組織などでこの状態を何度となく経験しました。誰も決められない「お見合い」状態になったときは「誰でもいいから決めてくれよ」と思います。この点、権力者が登場すれば話が決まる会社をどれだけうらやましいと思ったことか。

「フラットな人間関係・組織」には「決められない」欠点があることを承知しておきましょう。それを含めての理想は、フラットに付き合いながら、決めるべきときはしっかり「決める」こと。ジョージ・マーティンはそれを行っています。ただ単にフラットに雑談しているだけではお友だちにすぎません。

副業で磨くフリーランス力

第3期にフリーランスを目指す「第2就活」において大切なこと。それはまず軍隊的組織で染みついたDモードを脱することです。会社で行う仕事のほとんどはmust任務中心の義務です。そこに正しさはあってもおもしろさや楽しさはありません。それゆえ疲れてしまうのです。だからといって会社を辞めることまでは考えられない。

それがほとんどのサラリーマンだと思います。

そんなサラリーマンにオススメしたいのが「副業」の活用です。最近の会社は副業を認める例が多くなっています。これを利用して定年後フリーランスの練習をしようではありませんか。

そもそも副業の「副」とは、「主」に対しての「副」です。主たる会社の仕事に対して、会社以外で行うのが副業。ここで多くの場合、副とは時間的・金銭的な意味をもつようです。

主：月から金まで会社で働き、給料をもらう
副：平日夜または週末に別の場所で働き、お金をもらう

つまり時間的には「会社の就業時間以外」に、金銭的には「会社以外からお金をもらう」ことを副業と呼んでいるわけです。

ここで私は新しい副業の定義を皆さんにお伝えしたいと思います。

「第2期サラリーマンから第3期フリーランスへの移行」を目指す第2就活に必要な

もの、それは新たな「経験」です。たとえお金が稼げなくとも、その経験によって定年後フリーランスに近づけるとしたら意味があります。その経験こそは将来への「投資」に他なりません。

一般的に副業は「会社以外の場所での小遣い稼ぎ」と定義されています。副業でお金が稼げれば貯金に回すことができます。また副業の稼ぎを株式投資に回すこともできるでしょう。それらは「お金」に注目しています。

そうではなく私がオススメするのは投資としての「経験」です。

コバンザメ作戦は将来への投資

商売というものは「投資と回収」の繰り返しによって成立しています。

これは小さな商売人から世界的な大企業まで変わるところがありません。

先にまず何らかの投資を行って、それを後から回収する——これが投資と回収の基本サイクルです。会計界や金融界の人はこの投資を「金銭的」に把握しようとする習慣があります。ビジネスでも株式投資でもそうです。

しかし何らかの「経験」をすることも立派な「投資」なのです。

やや説明がくどくなったので、わかりやすく言いましょう。

副業として、「自分がやりたいことを実現している人／あこがれている人」のそばに行って、その人にお手伝いを願い出てください。

無報酬でもいいからやらせてくださいお願いすること。それが許可されれば、その人のすぐ近くで仕事ぶりを観察することができます。仲良くなれば本人から話を聞くこともできるでしょう。そうすれば、

・その人はどうやって「売り物」をつくっているのか
・「お客さん」をどうやって見つけたのか
・お客さんや関係者に対してどんなふうに接しているのか
・決めるべきときはどうやって決めているのか

などをすぐそばで見ることができます。これほどの学びは他にありません。

副業を小遣い稼ぎと考えている人には「タダ働き」と見えるかもしれません。しかしそれは解釈次第。それを見せてもらうことは「将来への投資」なのです。

自分が考えるBモード的「やりたい仕事」を実現している人のそばに行って経験する――これをコバンザメ作戦と名付けましょう。

フリーランスを目指すなら、副業で小遣い稼ぎよりコバンザメになることを考えてください。

Bモード・マネタイズを学ぶ

私も若い頃、このコバンザメ作戦をしつこいくらい実行しました。

「自分がやりたいことを実現している人／あこがれている人」のそばに行って「田中、いつも悪いな」と向こうが恐縮するくらい無報酬でお手伝いしました。お金を払うと言われてもお断りしました。

その人がどんなふうに顧客と電話しているのか、価格交渉のやり方、請求書の出し方、などなどを身近で見させてもらえる経験のほうが、金銭報酬よりよっぽど価値があったからです。そこで学んだことは多々ありますが、一番の学びは「Bモードをマネタイズする方法」でした。

冒頭ストーリーの美鈴さんだけでなく、多くのサラリーマンが長年の軍隊的組織運営活動のなかで「仕事といえばDモード」状態に陥っています。これが当たり前になりすぎると、「Bモードで働く」ことがどういうことなのか、わからなくなってしまいます。やがて人生は「Dモードで稼ぎ、Bモードで使う」ことになってしまうのです。

月曜から金曜まで職場で我慢して働き、土日のプライベート時間に買い物や旅行で楽しく使う。これが当たり前になると、いつの間にか「仕事はDモードで苦痛を感じる時間」となり、「Bモードで楽しく稼ぐ」ことが理解できず、罪悪感すら感じるようになります。

そうならないためには「仕事はDモード」との思い込みとキッパリ訣別し、「B仕事で稼ぐ」心の強さと、それを実現する方法論を手に入れなければなりません。

それが「Bモード・マネタイズ」です。

「Bモードのやりたい仕事で稼ぐ」

それはフリーランスとして自分のやりたい仕事をやり、お金を稼ぐということ。サラリーマンではほとんどあり得ないこの状態をつくるためには、どんなプロセスが必要なのか。これは本やセミナーではなかなか学べません。

これを学ぶには「実際にそれを体現している人物」のそばに行くのが一番です。私は何人かの先輩から「Bモードマネタイズ」の方法を学ばせていただきました。コバンザメ作戦は今もなお続いています。

定年後フリーランスを本気で目指すなら、最低「3人」のお手本を見つけてコバンザメ作戦を実行してください。本やセミナーで学ぶより、実践者の近くで働き方をじっくり観察させてもらうこと。

とにかく「3人」の先輩からコバンザメ作戦で学びましょう。その経験が投資となって、フリーランスへの道が開きます。

勉強会という知のオープンキッチン作戦

先ほど私が講師をしている「勉強会」のことをお話ししました。

いまもあちこちで勉強会に参加させてもらい、あるいは講師でお伺いすることがあります。自分自身が主催の場合、基本的に講師は無料で行っています。これもまた私にとっての「投資」です。それは私にとってのオープンキッチンなのです。その意味をご説明しましょう。

最近、高級レストランでもコックさんが料理をつくる厨房を店の真ん中において「見せる」オープンキッチン化が流行っています。かつては厨房といえば「隠す」のが常識でしたが、いまは逆に「見せる」ことでお店の魅力を高めているのです。

たしかにコックさんが調理する姿を見ると気分が高まります。あるいはサラダをテーブルまでもってきてくれ、その場でチーズを削って振りかけてくれるのは臨場感があります。

「もっとたくさんかけてください」

「はい、わかりました」

などと、お客さんと店員の会話もはずみます。

そんなレストランのオープンキッチンを参考に、これを自分の仕事に取り入れているのが私の勉強会です。

これまでは書斎という厨房に閉じこもって一人孤独に料理を仕込み、調理していたのですが、その「思考プロセス」を公開し、みんなと一緒に考える場をつくったのが勉強会です。よって私の勉強会は「知のオープンキッチン」といえるでしょう。

勉強会のメリットは、思考段階からさまざまな人の感想や意見を聞けることです。これまでは得られなかったフィードバックをネタの仕込み段階で聞けることは私にとって大きなメリットです。また皆さん、お世辞でも「おもしろそうな内容ですね、本になったら読みますので頑張ってください」と言ってくれるので気持ち的にも励みになります（この励まし効果は意外に大きいです）。

勉強会の開催によって「良き人が集まる」ことは参加者にもメリットがあります。たとえばある参加者は「周りの人たちが熱心にメモを取りながら前向きに学んでいる姿に感動しました」と語っていました。会社の仕事ではあまり経験できない「前向きさ」を感じるのはとてもすばらしいことです。なぜなら、それこそがBモードの基本ですから。

コミュニティ・メーカーという新たな仕事

こうした勉強会はあらゆるサービス業の人に有効です。ぜひ開催を検討してみてください。自分が講師である必要はありません。講師だとハードルが高いですが、たとえば司会者、あるいは主催者としてその会を立ち上げるという方法があります。

実はこの主催者に向いているのが大企業で疲れがちな「非・軍隊的気質」の人です。軍隊的気質の人に仕切らせると「出欠は○○日までに明らかにしてください」とか「議事録は後ほど公開します」とか、杓子定規な決めごとが多くなり、楽しいはずの勉強会が会社の会議と変わらなくなります。大きな声では言えませんが、軍隊的気質の強い方は場の空気を冷やすことにかけては天才的です。

主催者になったら案内の文面ひとつとっても「楽しく」するよう心がけましょう。自分のことを「小職」などと言ってはいけません。オジさんが使う「お疲れさまです」からメールを書き始めてはいけません。すべてにおいて堅苦しくなく楽しげに、「会社っぽくない運営」を心がけましょう。

そうすれば、まるで花の香りに誘われてミツバチがやってくるように、楽しさを求める人たち、好奇心旺盛な人たちが寄ってきます。そうなればしめたもの。楽しげな参加者がさらに楽しくなるような場の空気をつくっていきましょう。

私の経験上、勉強会やセミナーの雰囲気をつくる上で一番重要なのは講師でも会場でもなく「参加者」です。どんな人が参加してくれるか。これでほとんど決まってしまいます。講師は参加者の影響を強く受けます。参加者の雰囲気が良ければ講師は必ず乗ってきます。これはビジネス界の講師でも芸人さんでもそうです。

よって勉強会やセミナー、イベントを盛り上げたければ良き参加者を集め、良き場の雰囲気を維持すること――それができる人のことを、私は敬意を込めて「コミュニティ・メーカー」と呼んでいます。セミナーといえば「講師」の仕事を想像しますが、主催の側に回った「コミュニティ・メーカー」の仕事の重要性が高まっています。

20世紀はモノをつくるメーカーが仕事の代表でした。これからの21世紀は「場をつくるメーカー」の仕事が重要になってくると予言しておきます。

勉強会からセミナーへの展開

最近、セミナー、研修、講演、勉強会などの主催者から「どうやれば会を盛り上げられるか」という相談を受けます。みんな「キチッとした運営」まではできても「盛り上げる」ことができなくて苦労している様子。これはよくわかります。

たとえば会社の会議であれば、日時を決めて会場を押さえ、参加メンバーを決めて伝達するといった正確な情報伝達が必要です。

しかし、副業で勉強会を開催する場合、それではいけません。もちろん日時場所などの情報は正確に伝える必要がありますが、あとはとにかく明るく楽しく運営することを心がけたいもの。

私は勉強会について江戸時代の「会読《かいどく》」を参考にしています。これは一種の読書会であり、1冊の本をみんなで読みつつその感想を語り合う会です。個人の感想を言い合う場であって、誰かの意見を非難したり優劣をつける行為はNG。

さらに私の勉強会の運営では「話したい人が話し、聞きたい人は聞くだけでいい」というルールにしています。話すのは苦手だけど、みんなの話を聞きたい人は自分が心地良いモードで参加してくれればOK。

そのほかにもいろいろ配慮をしていますが、それはこの種の会をさまざまに開催してきた経験から学んだことです。人が集まる場というのは生き物であり、主催者が雰囲気をコントロールすることはできません。うまくいくときもあれば、うまくいかないこともあります。成功や失敗、いろいろなことがありましたが、その経験すべてが今に生きています。

この主催者の経験は、自分が講師となってセミナー開催するときに大いに役に立ちました。おそらく私の会に参加した参加者の人たちも、会の運営などについて学んでいるはず。実際にそこから勉強会・セミナー・イベントを開催する方が多数出ています。

サラリーマンの方であれば、副業としてまずは少人数の勉強会から始めてみてはいかがでしょう。次が参加人数を増やした無料セミナー、最後に有料セミナーといったカタチで場を育てていくことが理想です。

講師や各種サービス業を目指す人も「勉強会↓無料セミナー↓有料セミナー」と慣れていけば、無理なく経験が積めます。

ここまで読んで、「どこかにいい勉強会はないかな?」と思った方がいれば、ぜひ探してください。そこへの参加は人生を変えるキッカケになるかもしれません。これぞ「第2就活」の活動です。

人の集まる場をつくりたければ、まずは自分がさまざまな場所に出かけて客席に座ってみること。そのとき会の内容もさることながら、「いつか自分がこんな主催者／講師になりたい」と思う人を探して参加することをどうかお忘れなく。

なんとしても「有料への壁」を乗りこえる

「自分という商品」を売るサービス業にとって「お金を稼ぐ」ことはそう簡単ではありません。ここで尻込みする人がとても多いです。

セミナー講師、ヨガ教室、料理教室、ネイリストなどなど、ゼロから教室を立ち上げる人の多くは、練習がてらの無料講座を立ち上げます。みんなそこでは友人にお願いして参加してもらうようです。仲の良い友人は「あなたのためなら」と参加してくれ、受講した感想まで聞かせてくれます。

さあ、その次がポイント。その次の「有料」講座へ移行できるかどうか。ここでみんな弱気になります。この「無料から有料」への移行が「壁」といっていいでしょう。

最悪の場合、友人から「あなた、私からお金取るわけ?」と言われかねません。友だちから「守銭奴」呼ばわりされるのは精神的に厳しいです。私にも経験ありますが、これはあらゆる誹謗中傷のなかでも格別につらい。
強心臓を自認する私もこの有料セミナー開始時はかなり悩みました。でも、そこは思い切って有料化しました。ここでビビっていたら未来はないと思ったからです。しっかり「有料がふさわしい講座」にできるよう、さまざまな努力をしました。

いまにして思えば、この「有料にふさわしい」内容にする努力をしたことで自分が成長できたように思います。弱気のまま無料でやっていたら成長できませんでした。なぜなら無料で行う仕事は、心のどこかに甘えが生じてしまうのです。甘えた気持ちでいたら、いつまでたっても次に行けません。どこかのタイミングで自分を奮い立たせ、有料に踏み出さねばならないのです。

結論から言えば有料化、その先の高価格化は成功でした。「一人も参加者がいなかったらどうしよう」と不安一杯でしたが（本当に眠れませんでした）、フタを開ければちゃんと参加してくれる人がいた。しかもそこに参加してくれたのは今も縁が続いている「大切な友人」ばかりです。あの頃の参加者のおかげで今の自分があると思っています。どれだけ感謝してもしきれません。

もし同様に「有料化」あるいは「高価格化」に悩む人がいたら、しっかりそれが似合う内容にするよう努力してください。その努力こそがあなたを成長させます。

そのあとは思いきって有料で開催すること。失敗しても命まで取られませんので大丈夫。ぜひ「有料の壁」を乗り越え、こちらの世界へ来てください。待っています。

貯金や投資より縁づくり

勉強会の主催者あるいは講師となるのは一例にすぎません。それ以外でもいいのです。とにかく定年後フリーランスを目指して、具体的な活動を始めることが大切。それを副業として具現化することを考えましょう。

場合によっては、それが会社での本業の仕事に良き影響が出ることもあります。

私の勉強会に参加した某女性は副業で行ったセミナーやイベントの運営がとても楽

しく、コミュニティ・メーカーの仕事に目覚めてしまいました。それが会社の仕事にも影響したようです。会社のイベントを「楽しそうに」運営したところ、上司に怒られるどころか評価され、それ以来「イベントは彼女に任せろ」とご指名が来るようになったのだとか。副業が本業にも良い影響を及ぼし、会社の仕事も楽しくなる——これはすばらしいことではありませんか。もはや彼女にはおぼろげに「定年後」の仕事が見えてきたにちがいありません。

彼女が人生を好転させたきっかけは、外に向けて一歩踏み出したことです。

同じ場所でいじいじしていても変わることはできません。おもしろそうな場所にどんどん出かけましょう。会社の外に出て縁を広げ、出会いの場をつくることが定年後フリーランスに向けての「投資」なのです。

私も独立開業以来、そのような「縁づくり」こそが投資だと思い、そこには金を惜しまずに使ってきました。他人から見れば無駄使いに見えたかもしれませんが、私は「ここにケチってどうする」と思っていました。私から見れば縁づくりをしないで貯金、株式投資を行うフリーランスのほうがよっぽど危ないです。

貯金や株式投資に熱中する人のなかには「すべての付き合いを断って貯金や投資に回す」という人がいます。人それぞれなので止めませんが、それは諸刃《もろは》の剣です。孫子の兵法に曰く、「智者の慮《りょ》は必ず利害に雑《まじ》う」。すべてのものごとには必ず良い面と悪い面がある。どちらかではなく、必ず両面を見ましょうとの教えです。貯金には、金銭的な蓄えによって将来の安心を得る効果がありますが、一方で貯金に熱心になりすぎると縁をつくる機会を失う欠点があります。良い面と悪い面の両方を考慮し、バランスを取って対応しましょう。

貯金だけでなく、自分の将来のために縁づくり投資をお忘れなく！

Bモードが重なる相手とコラボしよう

近年「コラボ」というキーワードをよく耳にします。

お菓子でも「○○と△△」のコラボ商品、その他おもちゃや日用品、イベントでもコラボの名をよく目にします。

私自身も落語家さんと「会計士×落語家」イベントを開催したり、書籍では「ビジネス×絵画」のコンテンツを書いたりしていることから「コラボの得意な人」と認識されているようです。そのためか取材ではよく「異種コラボを成功させる秘訣は?」と聞かれます。

ここで「コラボの秘訣」をこっそり読者に伝授しましょう。このコラボ技をマスターすればフリーランスとして仕事の可能性が大きく広がります。

10年ほど前、私が落語家さんに声をかけて「会計士×落語家」コラボを始めたとき、私のスタッフもギョッとしていました。「一体何を考えているんですか?」と。

私は生まれてはじめて聞いた落語にすごく感動したのです。演目は「抜け雀」。一文無しの客を泊めてしまった宿屋夫婦をめぐる落語です。それを聞いた私は「これは無形資産=ブランドの物語だ」と直感しました。一文無しは実は名人だったのですが、宿屋夫婦はそれを見抜けなかった。これは銀行が会社の人的資本の力を見抜けないのとまったく同じです。

私がスーツ姿で難しい専門用語を使いながら説明している内容を、この人たちは和服で固有名詞も使わずに説明している。同じことをこれだけちがうカタチで説明している。「これは組める！」と直感しました。

そこで落語家さんに「こういうことがやりたい」とお願いしに行き、「会計士×落語家」コラボが誕生しました。我々は毎回「ひとつのテーマ」を決め、それぞれが演じる手法をとります。たとえばリーマンショックのときは私が「サブプライムローン」の解説を行い、落語家さんが落語「持参金」を演じます。根っこはいずれも同じ、これほどバカバカしいことが金融界で起こっていたんだ、ということをお客さんに伝えるのです。サブプライムローン問題を古典落語を用いて説明するわけですね。

こうした異種コラボが成功した秘訣ですが、それは会計士である私と落語家・立川晴《はれ》の輔《すけ》師匠の「おもしろい」「楽しい」ポイントが似ていることだと思います。職業も年齢もちがえど、我々2人のBモードが似ていました。そこを見つけたことでコンビがうまくいったのだと思います。落語家さんのなかにも「落語だけしていたい」タイプの人がいます。そんな人にとって会計士とのコラボはDモードのはず。これではコンビが成立しにくいのです。

コラボ成功の秘訣は「Bモードが重なる相手を選ぶ」こと。自分自身のBモードが見えてくると、相手のBモードも見えるようになります。お互いの「やりたい」ことが重なるかどうか確認しましょう。金儲けしか考えていない相手と仕事しても感動はありません。

「こんなことができれば最高に楽しいよな」そんなふうに感じられる相手と組めればきっとコラボはうまくいきます。

小さな商売人はお客さんを選ぶ

落語家さんとのコラボに成功して以来、味をしめた私はどんどん異業種の方と一緒に仕事するようになりました。

『会計の世界史』で絵画を使って説明したことで美術界からお声がけいただきました。その他にもさまざまなコラボを行っていますが、私の基本スタンスはすべて同じ。

「共演相手のBモードを引き出すこと」、そして「お客さんのBモードと重ねること」です。

先に2つの商売の基本についてご説明しました。

それは、「売り物を用意する」と「買ってくれる顧客を探す」の2つです。

私が行っていることは、コラボによってこの2つを具体化させているわけです。

まず、「売り物の用意」ですが、自分だけのコンテンツをすべて用意するのは、どうしても限界があります。そこで「誰かと組む」ことでコンテンツの充実を図るわけですが、私の場合には「Bモード相性の良い相手」を選びつつ、コラボについては「共演相手のBモードを引き出す」ことに全力を注ぎます。そうすれば相手がノッてきて、良いコンテンツになるのです。

また「お客さん」もそれをおもしろいと喜んでくれる知的レベル・好奇心レベルの人を選んで来てもらうようにしています。傲慢で申し訳ありませんが、「おもしろさ」を理解せず、金儲けにしか興味がないお客さんには来てほしくないと思っています。自分のBモードを維持するために「お客さんを選ぶ」ことは避けて通れません。

自分がイメージする「良いお客さん」が増えてくると、コラボ共演者の気分も高揚します。結果としてお客さんも楽しい。共演者とお客さんの両方に「今日は本当に楽しかった！」と思ってもらうことが私の目標です。

ここは大企業とフリーランスの異なる点かもしれません。大企業で「お客さんを選ぶ」ことは通常あり得ませんが、小さな商売人は「お客さんを選ぶ」ことが必要なのです。

「こんな人に来てほしい」お客さんを明確にして、共演者だけでなくお客さんともBモードの重なりをつくる。それが長く楽しく仕事を続ける秘訣です。

Bモードで売り物をつくるコツ

フリーランスとしての「売り物」づくりは自らのやりたいこと＝Bモードから出発して考えるわけですが、この最初のステップからつまずいてしまう人がいます。

先に紹介したビジネススクールの生徒にもいましたが、それは「自分のやりたいことがわからない」状態に陥ってしまうタイプの人です。

そんな人のためにここで助け船を出しましょう。

「自分のやりたいこと」がわからないなら、まったく逆に「自分が何をしているときが一番イヤか」を考えるのです。あの仕事がつらいとか、あの会議には出たくないとか、あの上司と一緒の仕事はイヤだとか、これならいくつか思い浮かびますよね？

そこには「自らを知る」大きなヒントが隠されています。

私でいえば、講師業をやってきたなかで最大の苦痛が「同じ講義を何度も行う」ことでした。他の講師はむしろそれを歓迎するのですが、私は飽きてしまうのです。だからついついその日の出来事などを、落語でいうマクラとして話してしまいます。いわゆる「雑談」ですね。それを喜んでもらえるケースが多いのですが、主催者によっては「雑談が多い」と注意されることも多々ありました。「まじめに講義ができない」短所は、「会計なのに脱線が多い」長所と裏腹なのです。その脱線王としての本領が『会計の世界史』という書籍になりました。自分の欠点と認識していたかもしれない部分に、最大の売り物が隠されていたというわけです。

飽きっぽい私は「ひとつのことをやり続ける」のが苦手です。次から次へと新しいネタに関心が移ってしまいます。これも同じ。それを短所だと思わず、ふつうの会計士が手を出さない絵画分野の勉強をしたことで『名画で学ぶ経済の世界史』を出版することができました。


この例でおわかりいただけましたか？　自分の欠点や短所、我慢できないほどイヤなことは、その反対側に「お宝」ともいえる長所が隠れていることが多いのです。

一芸に秀でたフリーランスには、自分の欠点・短所を自覚して「そこから逃げた」タイプが多いです。

お金のことから逃げない

私の周りには講師業についている人が多く、これから目指すという人も増えています。これは男女を問わない傾向ですが、希望者は女性のほうが多い印象です。

講師に向いているのは人と関わることが好きで、誰かが成長することに喜びを感じる人です。そんな職業だから女性が多いのかもしれません。

講師の仕事については、このたびコロナ禍で進んだオンライン環境が追い風になっています。最近は自宅からでも各種企業研修、スクール、イベントの講師ができます。講師は自分一人で始められ、とくに設備投資も必要ありません。人の笑顔や成長に関われるし、またオンライン環境の広がりで自宅でも仕事可能。

しかしながら、その追い風ゆえに講師希望者が増え、過当競争に陥っているのも事実です。

そしてコロナ禍でのオンライン環境の広がりが、残念ながら講師の報酬価格下落につながった面があります。コロナウイルスの感染が広がった2020年春頃、世界中の人々が感染防止のため自宅待機を命じられました。大人だけでなく、子どもたちまで学校を休んで自宅に閉じこもりました。このとき世界中のアーティストやコンテンツ企業が、自宅で退屈する子どもたちや大人に向け「コンテンツの無料配信」を行いました。社会貢献の名のもとで無料配信が行われたのです。
これによってその後、有料講座を開催しようとすると「オンラインなのに金を取るのか」という空気が生まれました。有名大学でさえ、講義をオンライン化した段階で「オンラインなら授業料を下げてほしい」との要望が多数寄せられたそうです。

いまやオンライン環境では「コンテンツは無料で見られるのが当たり前」という新常識が広がっています。

講師という仕事には変動費がかからないので、いただいた報酬すべてが儲けとなります。よってヒマにしているくらいなら1万円でも、いや1千円でも引き受けたほうがマシと考える人が出てきます。これが「コロナでヒマになった状況下において講師の報酬が下落する」状況を生みました。私はこれをアベイラブル・デフレ（手待ち時間による価格下落）と名付けました。すべての講師は、このアベイラブル・デフレに巻き込まれず、しっかり報酬をいただく体制をつくらねばなりません。「お金のことは苦手だから」と逃げてしまうと、永遠のボランティアになってしまいます。

売り物でなく顧客との関係で価格に差がつく

コロナ禍で生じた有料コンテンツの無料を含む価格下落については「とうとうこのときが来てしまったか」と感じます。

もともと変動費のかからないコンテンツ制作ゆえ、デジタル環境の広がりで価格下落が進むことは覚悟していましたが、これほど一気に来るとは思いませんでした。

コロナ後の物流停滞、円安によるコスト増がモノの価格上昇につながりましたが、コンテンツをはじめとするサービス業においてはまだまだデフレ状態が続いています。各種サービス業で商売を行うフリーランスは無料サービスの提供から有料化までの道筋を考えねばなりません。

YouTube、インスタ、TikTokなどなど、個人が情報発信するための手段は飛躍的に増えました。情報発信を行うのはいいとして、それを趣味に止まらせることなく、いかにビジネスまでもっていけるかがフリーランスの課題です。

商売の基本の基本である「売り物を用意する」と「買ってくれる顧客を探す」の2つでいえば、これまでコンテンツビジネスは前者の「売り物」次第という部分がありました。良いコンテンツは売れるし、そうでないコンテンツは売れないという図式です。しかし最近は後者の「買ってくれる顧客を探す」ことのほうが重要になってきました。これはコンテンツをどのメディアを通じてお客さんに配信し、いくらで課金するかという問題です。

すでにコミックは紙の本に比べてデジタル購入の割合が増えており、新聞や雑誌、書籍をとっても紙媒体の読者が減り、デジタルコンテンツの売上割合が増えてきています。ここでのポイントは、モノとしての紙媒体を書店で購入してくれた読者も、デジタルコンテンツにお金を支払うことには抵抗を感じるケースが増えていること。

これからは「どのメディアでコンテンツを配信するか」という技術的なルート選択だけでなく、「お客さんと、どのような関係を築くか」といった広い視野で商売を考える必要がありそうです。

この他にも「売り物の良し悪し」以外のところで価格が決まっている場面を目にす

る機会が増えました。

先日、急ぎの翻訳の仕事があり、アメリカのエンタテインメント分野をリサーチしたところ、翻訳サービスの価格が「意外な部分」で決まっている事実を知りました。翻訳といえば分量とか訳者のクオリティによって価格が決まるものだと思っていましたが、価格を決める要因が「時間」だったのです。せっかちな関係者の多い業界ゆえ、「1日でこれを訳してくれ」といった無茶なリクエストが増え、そのため「何日間で仕上げるか」が価格に大きく影響していたのです。


サービス業はいつの世も顧客中心です。クオリティがある一定水準を超えた場合、そのあとの価格を決めるものは顧客のニーズにどれだけ応えられるかどうか。

それはデジタルだけでなくアナログなサービス業にも当てはまります。知人の美容師によれば、勤務を卒業して独立開業する場合、成功の鍵を握るのは「カットの腕」よりむしろ「顧客と良い関係を築けるか否か」なのだとか。

どのサービス業でも商売の重心が「売り物」から「顧客との関係」に移り始めているようです。

令和フリーランスは「まさか」のための保険

たとえ無料のボランティアでも、「やりたいことができる」状態は望ましいです。

定年後、家にじっとしているのではなく、外に出てさまざまな活動を行って人と関わる。まったくもってすばらしいことだと思います。

私はそれを理解した上で、「お金を稼ぐ」ことを提案したいのです。

なぜそれが重要かといえば、定年後になって「お金を稼ぐ」必要が生じる場合があるからです。その最も典型的な例が「親の介護」です。

自分は保険に入っていても、親が入っているとは限りません。親が入院したとき「お金がない。あなた払って」と言われたら拒否できますか？

人生の後半になるといろいろなことが起こります。「まさか」ということも起こります。そのときのために私たちは保険に入り、貯金をするわけですが、それでも足りなければ「自分で稼ぐ」しかありません。

「まさか」が起こらなければ幸いですが、それでも定年後に備えて「自分で稼ぐ」手段をもっておけば精神的にかなり楽です。

サラリーマンの皆さんは、「自分で稼ぐ」経験を早めにしておいてください。定年を迎えてからやろうと思っても、おそらく不可能です。それに成功した例を私はほとんど知りません。できれば40代のうちに少額でもいいので、自ら有料サービスを提供して稼ぐ経験をしておきましょう。副業でいいので一度経験してみてください。そうすればわかります。会社で1億円稼ぐことと、生身の個人が1万円稼ぐことは、まったく異なる行為であることが。

私の友人のなかには、親の介護で会社を辞めた人間が何人もいます。介護があると場所的、時間的な制約が生じてしまうので転職も難しいようです。ここで「自分で稼ぐ」方法をもっていれば金銭的にも足しになるし、外の社会とつながることができます。しかしその方法をもっていないとそこで社会との関わりが切れてしまいます。

彼らを見るにつけ、サラリーマンのうちから「自分で稼ぐ」ことを意識するのは意味があることだと思います。

本書で主張する「令和フリーランス」の生き方、つまり定年後にも働く自分を目指すことは、「まさか」に備えた保険の意味もあるのです。

取引するのは個人か企業か

ビジネス界でよく使われる言葉に「BtoB」と「BtoC」があります。Bは企業（Business）でCは消費者の個人（Customer）。BtoBは売り手が企業で買い手も企業の「企業↓企業」取引、BtoCは売り手が企業で買い手が個人の「企業↓個人」取引です。

これをフリーランス（個人）商売にも当てはめてみましょう。フリーランスの個人が商売する場合、買い手が企業であるCtoB「個人↓企業」と、買い手が個人である「個人↓個人」取引があります。

フリーランスの自分が、企業に対して売るのか、それとも個人に対して売るのか、あるいは両方に売るのか。どれを選択するかによって、商売の方向性がまったくちがいます。これについては十分に検討せねばなりません。

この検討の際、何を基準に考えるかといえば、それはもちろん「自分は何をやりたいのか」です。

図5

		買い手 Business	買い手 Customer
売り手	B	B to B 企業 → 企業	B to C 企業 → 個人
売り手	C	C to B 個人 → 企業	C to C 個人 → 個人

私の講師業／コンサルティング業でいえば、現在は企業向けと個人向けの両方を行っています。以前は企業向けのみでしたが、長い時間をかけて少しずつ個人向けの仕事を拡大していきました。

企業向けの仕事は単価が高いですが、その分、相手に合わせねばなりません。一方、個人向けの仕事は自分で仕切れる自由があります。それゆえ企業向けの仕事でＤモード売上をキープしつつ、個人向けのＢ仕事を少しずつ増やす作戦をとりました。

これからのフリーランス講師はＣtoＢ企業向けとＣtoＣ個人向けの仕事をどう組み合わせていくかを考えねばなりません。

サービス業の報酬はいくらにすべきか？

本書をここまで読んで「ボランティアに終わらず、しっかり仕事で稼ぐぞ！」と心を決めた人がいてくれたらとてもうれしいです。

その有料化の心構えをもったとして、次に考えねばならないのが「自分のサービスをいくらで売るか」の値決めです。

有料化を決めた人も、必ずこのプライシングで悩みます。わがフリーランス塾の塾生から相談される質問でも、このプライシング関連が一番多かったです。わが国では「安さこそ正義」の時代が長く続いているので、仕方ないかもしれません。値決めで問題となるのは次の２つです。

①自分のサービスをいくらで提供するかという金額の決定
②相手によって価格を変えていいのかという方針の決定

①についてはサービスによりけり、人それぞれであり一概には言えないものの、大切なことは「はじめは安くてもいいので値上げし続けること」です。もちろんそれはサービスの質や価値を上げていくことが前提です。Bモードでその仕事を選んだあなたは、サービス改善に努力すること、新メニューを考えることが苦ではないはず。どんどんサービスメニューを充実させて「良いモノをより高く」を目指しましょう。

②については「相手によって価格を変えていい」と考えてください。モノを売る世界においてはいまだ一物一価の常識がありますが、サービス業については同じサービスでも「相手によって価格を変える」姿勢で大丈夫です。

ここでポイントは「誰に対してどんな価格を付けるか」です。私の場合は公益性の有無で判断しています。つまり公的な役所、学校、社会的に意義ある行動をしている団体、そこからの仕事依頼は基本的に先方の予算に合わせます。すばらしい活動と思えば無料でも働きます。一方、営利企業からの依頼、営業目的のセミナー依頼については正規の価格をしっかり提示します。

ここで重要なのは、自分のなかに「正規の価格」をしっかりもっておくことです。公益性が高い仕事依頼の場合は「本来は○○円ですが、今回は公益性が高いので△△円で結構です」と先方に伝えてください。これを怠ると「報酬激安の人」というありがたくない評価をされてしまいます。実際これで泣いているフリーランスがかなり多いです。

3回来てくれるお馴染みさんをつくる

ある有名デザイナーさんが出演していたテレビ番組で「あなたにとってプロフェッショナルの定義はなんですか?」と質問された際、しばし考えたのち「仕事がまた来ることです」と答えていました。

「仕事がまた来る人がプロ」

シンプルなお答えですが、納得。まさにこれ。

サービス業の仕事には「継続的な仕事」と「1回限りの仕事」があります。会計事務所の行う決算書作成などは最もわかりやすい「継続的な仕事」です。顧問契約という名のサブスクリプション契約を結べば自動更新されて毎月収入が入ります。

これに対してコンサルティングや講師、また書籍の執筆などはスポットで契約する「1回限りの仕事」です。

ほとんどの商売人は「継続的な仕事」を好みます。なぜなら毎月決まった収入が入ってくるからです。その仕事が好きならそれで問題ありません。しかし私は決算書作成などの会計業務になじめず、コンサルや講師、書籍執筆方面の仕事がしたかったので「1回限りの仕事」を選びました。

「1回限りの仕事」は最初が勝負。スタート時は何が何でも仕事をとって、その仕事を成功させること。それによって「あいつに任せてみよう」となれば向こうから指名が来るようになります。

重要なのは「3回仕事が来る」ように心がけること。最初の1回は単なる偶然かもしれません。2回目はもしかしたら運かもしれません。しかし、3回目の依頼が来たら、それは自分の実力と考えていいです。

「3回仕事が来るようにする」これが商売の基本です。

江戸時代の昔、「1回目は一見さん、2回目で裏を返す、3回目でお馴染みさん」という言葉が遊郭などで使われました。ここでも「3回」来てもらいなさいとの教えがあったわけです。

この〝格言〟は21世紀のいまも生きています。ネットショップでもホテルでも美容室でも、1回から2回、そして3回とリピートが減るものの「3回来てくれたお客さんは4回目も来てくれる」事実がデータから明らかになっています。

江戸も現代も、CtoBもCtoCも、コミュニティ・メーカーも美容師も、とにかく「3回来てくれるお馴染みさん」づくりを考えましょう。

3回来てくれるリピーターづくりに必要な力のことを、私は「巻き込み力」と呼んでいます。既存の商品・サービスの魅力を高めるだけでなく、次々と新しい商品・サービスを産み出す展開力がないとお客さんを巻き込むことができません。

これからの商売は「巻き込み力」が勝負を決めます。

教えるのではなく気付かせる

小さく始めた自分のビジネスがすんなり軌道に乗ればいいのですが、なかなかうまくはいきません。

苦心の末につくった「売り物」が売れないときは、やはり気分が滅入ってきます。すると思考が「売り物がまずいのではないか?」という方向へ行ってしまうのです。しかし実のところ売り物はそれほど悪くなく、お客さんへの「売り方」に問題があったというケースがかなり多いです。

モノを扱わず、自分という人間が商品のサービス業では、とくにお客さんへの接し方が重要です。

私も過去、自分のサービスが売れなくて苦しんだ時期がありました。はじめは「どこがダメなんだろう」と売れない理由がわからなかったのですが、ある時期から「売り方を変える」ことで好転し始めました。サービス業にとって売り方を変えることは、「お客さんへの接し方を変える」ことに他なりません。

それに気が付いたキッカケは中小企業経営者相手のコンサルティングが何件か続いたときです。結論から言えば、私は「自分が考える正解＝進むべき方向性」を経営者に伝えることを止めました。

それまでは自らが考える正解をできるだけ早く、具体的に伝えてきたのです。それが役立つと信じて。しかしそれはどうやら間違いであると途中で気が付きました。

私自身もそうなのですが、世の中には「人から指図されるのを嫌う人間」がいます。中小企業経営者にはその比率が極めて高いのです。それは自ら任務を全うしたい軍隊的気質の表れであり、責任感の発露なのかもしれません。そんな人に対して、若造が正解を示すような行為は失礼なのです。そこで作戦を変更、考える材料とヒントだけを提供することにしました。

この作戦は見事に的中。こちらが考える材料を上手に提供すれば経営者は自分で決断します。サッカーでいえばこちらがアシストしたボールを経営者がシュートするイメージ。

これ以降、私はすべてのコンサルティングにおいて、「優秀な顧客には決めることをアシストする」姿勢で臨むことにしました。

自信のあるコンサルタントほど「教えよう」としてしまいます。うまくいかなかったときの私がそうでした。いまにして思えばあれは自惚《うぬぼ》れだったと思います。

「教えるのではなく、気付かせる」私はコンサルティングだけでなく、すべての講師業、そして人との関わりにおいてこれを心がけています。

1日2時間しか店を開けない人気店の狙い

広島にビールスタンド重富というお店があります。

この店のビールはとにかくおいしい。出されるのはふつうのアサヒ生ビール。それがおいしいから驚きなのです。

新鮮で雑味なし。「いつも飲み慣れたビールはこんな味だったんだ」と感動します。

マスターの重富寛さんは「いつものビールをおいしく出す」技を研究の上、実現しました。さらに重富さん、注ぎ方で味を変えてしまいます。

お店には「1度つぎ・2度つぎ・3度つぎ・シャープつぎ・マイルドつぎ」のメニューがあります。もともとのビールはすべて同じですが、注ぎ方で味を変えてしまう、それはまさにビールマジックといったところ。

このビールスタンド重富、営業時間が17時から19時までの「2時間」のみ。しかも注文は「2杯」まで。そしてつまみや料理は「一切なし」。

「2時間のみ・2杯まで・つまみなし」

なぜ重富さんはこんな経営スタイルを取ったのでしょう？　せっかくのおいしいビール、もっと長時間売れば儲かるにちがいありません。これは回転率を高める作戦？　それとも人件費の削減？

いえいえちがいます。重富さんは自分の店の儲けだけでなく、ご近所の店のことも考えてこのスタイルに行き着きました。自分の店でおいしいビールを飲んだ後、食事は周りの店でどうぞ、近所にはおいしい店がたくさんありますよ、というわけです。

いまやどこの街の飲食街の経営は厳しいです。縮みゆくパイの取り合いで争うより、街全体が幸せになる方法を考える――だから早めの2時間営業・つまみなしなんですね。つまり「街の0次会」作戦です。

自分の儲けを考えるだけでなく、ご近所との良い関係づくりを考えて商売を行う――周りを巻き込んで儲けをつくる重富さんの「巻き込み力」に感服です。自分がライバルと思うからライバルなのです。視点を変えれば「仲間」になれるかもしれません。小さな商売人は周りのみんなが幸せになる方法を考えましょう。

定年のまえに諦念を学ぶ

ビールスタンド重富寛さんの「巻き込み力」には令和フリーランスが学ぶべき点がたくさんあります。

もともと重富さんは広島・流川で酒屋を開業した祖父から始まる「重富酒店」の3代目社長です。3代続く商売ゆえ地域との結びつきが強く、ご近所には知り合いの飲食店がたくさんあったわけです。
またご本人は地元小学校でＰＴＡ会長も務められていました。そのように「知り合いが多い」だったからこそ巻き込み力を発揮できたのでしょう。

この点、サラリーマンの方は会社で過ごす時間が多いゆえ、地元とのつながりが疎遠になりがちです。しかし最近はそれにも変化があり、リモートワークの増加によって自宅で仕事する機会が増えた人が多いはずです。
この変化をチャンスととらえ、身近なところからでいいので地元の活動に参加されてはいかがでしょうか？　マンションにお住まいの方は理事会、子どものＰＴＡ、ご近所の自治会、町内会、なんでもいいです。これまで忙しさを言い訳にしてきた方も、ぜひ一度参加してみてください。それで地元の知り合いが増えれば、いつの日かその縁で何かイベントでも始められるかもしれません。

そしてもうひとつ、ボランティア活動によって学べるものがあります。それは「柔らかなリーダーシップ」です。

私は現在、地元や国からの依頼でいくつかボランティアの仕事を引き受けています。ボランティアの仕事をするとわかるのですが、——あまりハッキリとは言えませんが——いろんな人がいて、いろんなことが起こります。ときに「どうしてこんなことが」と信じられないことが起こったりします。

指揮命令系統がキッチリして目的が明確な組織ではあり得ない混乱、騒動。そこでは権威に基づく命令を発することができないゆえ、「共感に基づく柔らかなリーダーシップ」でしか相手を動かすことができません。

これは軍隊的気質の強い方にとってすばらしい経験になるはずです。そして、改めて思うのです。「人間とはなんと勝手な生き物だ」と。ぜひボランティア活動を通じて「諦念」を学んでください。人間の幅が広がります。「定年のまえに諦念を学ぶ」ぜひオススメします。

年長者の強みを活かす

これは銀座の東京画廊社長・山本豊津《ほず》氏からお聞きした話です。

日本人はモネやルノアールなど印象派絵画を好みますが、それには理由があるのだとか。印象派画家の多くは日本の浮世絵から強い影響を受けています。それゆえ日本人は印象派の絵画から「懐かしさ」を感じるのだそうです。

江戸時代に大流行した浮世絵はいったん忘れられましたが、異国の印象派絵画として私たちの目の前に再び現れました。そこに私たちは無意識に懐かしさを感じ、これが「美しい」という感覚につながるというわけです。

「懐かしさ」が「美しさ」になる――確かに思い当たるふしが多々あります。

食事で「おいしい」と感じるときも、子どもの頃のおいしい記憶が甦《よみがえ》ることが多いです。音楽の世界でも最先端の曲のなかに「あの懐かしい曲」のニュアンスが入っているのを発見することがあります。

これは「伝統と革新」と表現できるでしょう。

私たちはいま、停滞する経済や企業業績を回復させる起爆剤として「イノベーション」に注目しています。しかしいきなり「イノベーションを起こせ」と言われた担当者は困るわけです。「どうすればいいんだ」と。

ひとつの方法が「伝統と革新」。あらゆる革新＝イノベーションはビジネスであれアートであれ、「懐かしいものを新たに復活させる」面をもっています。１００％新しい革新は難しくても、何らかの商品・サービスを「古くからの伝統の上で表現し直す」ことができれば、それは十分に革新といえる存在になります。

たとえばオンライン研修。多くの講師や業者が「新たな革新」に目を向けています。それはＤＸのようなコンテンツ内容であったり、デジタルツールであったり、新たなオンライン研修のあり方であったり。

私はみんながそちらへ行くのを見ながら、「伝統の復活」に向けて努力しています。日本の誇る古典話芸、講談や落語のニュアンスをビジネス講義に持ち込み、最近は「会計講談」のネーミングで「古くて新しいコンテンツ」をつくっています。これが

「伝統と革新」に基づく私の「売り物づくり」。

実のところ、伝統を知るのは若い世代ではなく年長者です。年長者が伝統に入り込んでしまうとただの年寄りですが、これを現代にもってきて新しいサービスとして復活できれば印象派絵画となります。

オンライン環境をはじめとする環境激変の講師業界は年長者にとってチャンス。古くて良いものを現代にもってきて「伝統と革新」を体現しましょう。

定年に向けてカタログをつくる

「そろそろ事務所を構えたほうがいいでしょうか？」

仕事が軌道に乗ってきた自営業・フリーランスからときどき相談を受けます。

私自身は独立したての頃「企業向け」の仕事が多かったこともあり、地方の企業顧客が訪問しやすい東京駅近辺に事務所を構えました。

しかし、もはや自分の事務所、オフィスを構える意味は薄れてきたように思います。企業顧客との面談であればシェアオフィスを借りたり、ホテルラウンジの会員になることで十分対応できます。コロナを経てリモート面談も一般化したことから、これからは実際に会う面談そのものが減ってくることでしょう。むしろリモート面談での商談を広げていくほうがフリーランス向きであると思います。

そうなると第1章で提案した自分の名刺のように、「自らを語る」デジタル上の自己紹介ツールがほしいところです。直接出会った人には名刺を渡し、直接会っていない人には間接的にデジタル上の自己紹介を見てもらう——それが何かと言えばあなた個人の「作品カタログ」です。

本章ではさまざまな第2就活の事例をご紹介してきました。
コミュニティ・メーカーへの一歩として勉強会に参加するのはすぐに始められます。興味を持った方はぜひ始めてください。いつか文章の仕事をしたいと思う方は、書評でもエッセーでも、好きな内容を書き始めてください。写真が好きな方は、たくさん写真を撮ってください。

それが「始まり」です。そこからあなたは会社の仕事ではない「自分の仕事」をスタートさせます。いつの日か独り立ちの日がきたとき、それらの作品を集めた「作品カタログ」を世に出しましょう。

有名な人、無名の人、あらゆる人がネットで自らの作品を公開しています。

その人の作品、サービスを知りたい人はネットを検索することで情報を入手できます。あなたがフリーランスとして仕事デビューするとき、「これまでどんな仕事をしてきたか」を明らかにする「作品カタログ」をネットで公開しましょう。

その作品カタログは、あなたがどんな活動をしてきたかを誰かに伝える役目を果たします。どんな勉強会やイベントを開催してきたのか、どこで講師をしてきたのか、どんな文章を書いてきたのか、写真を撮ってきたのか。

完成品としての作品だけでなく、過程での苦労、学んだことなどもしっかり記録しておきましょう。それはあなたの「人となり」を示す大切な財産です。

想いの詰まった作品カタログは、21世紀の履歴書といえる存在です。フリーランスとなったあなたに仕事を頼む人は、あなたの学歴や年齢などさほど気にしません。「この人に頼めばどんな作品をつくってくれるのか」を知りたがっています。だからこそ、独立するときに作品カタログを公開すべきなのです。

会社を辞めるときになって「自分には何もできない」と嘆いても手遅れです。いつかみんなに見てもらう日を夢見て、早速「作品カタログ」づくりを始めましょう。

作品カタログをつくることが第2就活の重要な課題であると思ってください。

「作品カタログをつくりましょう」

サラリーマンの方にそう伝えると、ビックリされることが多いです。皆さん「考えたこともありません」とおっしゃいます。

もし無理だと思うなら、サラリーマンのうちに本章で述べた次のことを副業として実行してください。

・コバンザメ作戦を先輩「3人」について実行する
・人が集う勉強会などを「3回」主催する
・少額でもいいので「3カ所」からお金を稼ぐ

「3人・3回・3カ所」これを実際にやってみれば、見える景色が確実に変わるはずです。その経験は確実にあなたの老後を明るく変えてくれるはずです。

第3章

定年後は「助けられ力」がものを言う

ストーリー3

【倒れた父の面倒をみるヤングケアラーの日常】

「そろそろ病院の時間だよ」

声をかけると、車椅子の父は小さくうなずいた。相変わらず表情は乏しいが、今日は気持ちよい晴天の日差しをあびて、心なしか顔色が良く見える。

午前中のうちに病院に行って診察を受けて薬をもらう。今日は父を家に戻したあと、午後2時から書店のアルバイトだ。高校生は働けないらしいけど、ボクは特別に週末だけ働かせてもらっている。

キッカケは車椅子の父と一緒に書店に行き、店長の真知子さんと話したこと。本が読めなくなった父のために絵本を探していると、「絵本、好きなの？」と声をかけられた。聞かれてもいないのに「父が脳梗塞になって、難しい本が読めないんです」と答えると、「じゃあ、私が選んであげる」と真知子さん。

彼女が選んでくれた絵本を父も気に入ったようで、ときどきお気に入りの絵本を指さして、「これを読んでほしい」と伝えてくる。

父が指さすのは、お母さんが小さな娘を抱きしめるとか、親子で一緒に歌うとか、幼稚園児が読みそうな物語ばかり。父はいま、どんな気持ちでこの話を聞いているのだろう。


「お父さんが脳梗塞で倒れた、いますぐ病院に来て」

と母からメールが入ったのは1年ほど前。あれからわが家の生活は一変した。


母は働きながら家事をこなし、父の介護までやらねばならなくなった。あれもこれもと走り回るうち、こんどは父を追うように母が寝込んでしまった。

いまはなんとか仕事に復帰し、だましだまし働いている。

高校生のボクも部活を辞め、できるかぎり家事と父親の世話をすることになった。

脳梗塞で倒れたものの、早めの治療のおかげでなんとか命を取り留めた父。しかし半身不随となって車椅子生活となり、言葉を失った。

筆談と身振り手振りで最低限のことは伝わるが、本人にとって「伝えたいけど伝わらない」ストレスは相当らしく、突然怒りを爆発させてモノを投げたりする。仕方ないこととはいえ、お世話しながら感情的な怒りに付き合うのはかなりしんどい。母と分担しながらなんとかこなしている現状。

そんなとき、書店の真知子店長から「真一郎君、週末だけでもうちでバイトしない？」と誘われた。大好きな書店で働けるのはうれしいし気分転換にもなる。正直、少しでもバイト代が入るのは金銭的にも助かる。そんなわけで、母にも相談して承諾をもらい、書店でバイトすることになった。

書店の仕事は、想像していたよりもはるかに重労働だった。開店前の掃除、毎日大量に届く書物、とくに月末はその量が半端ない。雑誌、文芸、マンガ、ラノベ。種類別に棚出し。レジまわりも支払方法がたくさんあってマジ大変。「図書カードで足りない分は現金で」などと言われると泣きたくなる。なかなか仕事を覚えられず、目の前のことだけで精一杯。我ながらまったく戦力になっていないと思う。そんな足手まといの自分を雇ってくれる真知子店長には感謝しかない。

それなのに……。またやらかしてしまった。大失敗。お客さんから注文を受けた本を取り置きせず、間違って売ってしまった。カンカンに怒って怒鳴るお客さんにボクは何も言えなかった。

結局、真知子さんがお客さんに平謝りして収まったのだが、なんだかもう情けなくて。真知子さんは「気にしなくていいよ、今度から気を付けようね」と明るく励ましてくれるが、トロい自分がいやになる。

調子が悪いことに、怒鳴ったお客さんが再びやってきて本の検索を頼まれた。それだけで緊張して頭が真っ白になってしまった。

こんなことじゃ、客商売なんかできない。では、どんな仕事ならできる？ 得意なことなど何もない。だいたい、このままでは受験勉強もできないので大学に行くことも難しそうだ。ボクの将来はどうなってしまうのだろう？

＊　＊　＊

青木真一郎17歳。高校2年生。脳梗塞で倒れた父の面倒をみるヤングケアラー。

極めてふつうの高校生だった真一郎の人生は、父親が倒れたことで一変した。

一命は取り留めたものの、半身不随となって車椅子生活を余儀なくされた父親。

その世話を母親と分担する日々は大変で、食事・トイレ・風呂の手助けだけで1日が終わってしまう。車椅子生活に合わせたバリアフリーに改築すべきだが、それには高額の費用がかかるため不可能。もちろん父には長生きしてほしいけれど、心のどこかで「こんな日々がいつまで続くのだろう」と考えてしまう。

学校と病院、父の介護に明け暮れるなか、数少ない楽しみだった週末の書店バイト。そのアルバイトで失敗してしまい、お客さんから怒鳴られ意気消沈。真知子店長に迷惑をかけてしまって最悪の気分。

ただでさえ気が重いのに、そこへ追い打ちをかけられたのが真知子店長から届いたメール。

「来週のバイトが終わってから話があります。時間取ってくれないかな?」

あ~あ、とうとうボクはクビだろうか。

正しく衰える方法を考える

私たちは毎日毎日を忙しく生きています。

今日やるべきこと、明日やらねばならぬこと。手帳を見ながらTo Doリストの消し込みに追われるように生きています。そこでつい、「長い目で見る」ことを忘れてしまいます。それはとても大切なことであるというのに。

いきなりですが、我々の「誕生日」はどう決まるでしょうか？

この世にオギャーと生まれた日です。でも、これは本当に正しいでしょうか？

その日の数カ月前か母の胎内で命はしっかり存在しています。誕生日は胎内から出た日にすぎません。誕生とはある日の出来事でなく「連続したプロセス」です。

「死」もまったく同じ。脈の止まる日が臨終ではなく、一連の「衰えるプロセス」と考えたほうがいいかもしれません。

「生と死は瞬間ではなくプロセスである」

私はこの話を僧医の対本宗訓《つしもとそうくん》さんの講演で伺い、なるほどと思いました。プロセスであるなら、死に対してじっくりと向き合わねばなりません。「定年」もまたしかり。その瞬間を切り取って騒ぐのではなく、「衰えるプロセス」として、長期的に受け止めることが必要です。

人生が後半に差しかかると、身体のあちこちにガタがきます。無理がたたって病に倒れる人間が増えます。自分は元気だけど親が倒れることもあります。これら「まさか」と思ってしまうのですが、人間が衰えゆくプロセスと考えればそれらはすべて自然な出来事ばかり。

定年を迎えて会社を辞めること、それに備えて貯金すること、定年後も働くこと、そして健康に生きること。これらを「点」でとらえず、すべてをつないだ「線」として見ていく必要がありそうです。それはすなわち「正しく衰える方法を考える」ことです。

「年齢のステップ（Trap des Ouderdoms）」ヘンドリック・フランズ・ディアメール（ワシントン、ナショナル・ギャラリー所蔵）　提供：akg-images/アフロ

オランダ絵画に見る人間の一生

生と死はプロセスである——17世紀、北ヨーロッパの人々はそのことをしっかり理解していました。

ヘンドリック・フランズ・ディアメール「年齢のステップ」をご覧ください。生まれてから死ぬまでの一生が、山の登り降りのごとくに表現されています。

17世紀オランダではこのような絵画・版画が数多く描かれました。この絵が流行した背景には、激しい宗教対立があります。

そのころ新教プロテスタントの出現によって、カトリックvsプロテスタントの激しい対立が発生。根本的な価値観にゆらぎが生じる時代だったからこそ、人々は生と死を見つめ「人はどう生きるべきか・老いるべきか」といったことを考えたのでしょう。

ちなみにこの絵の右下には100歳の老人が横たわっています。驚くべきことに当時、100歳を超える長寿老人がたくさんいました。60歳を超える老人など、当たり前の存在だったのです。

数百年前、今より「平均寿命が短かった」のは事実です。しかしそれはあくまで「平均」であって、長生きする老人はたくさんいました。平均寿命が短かったのは主に乳幼児・子どもの死亡が多かったからです。

まったく意外なことですが、ペストなどの疫病流行時も亡くなるのは主として乳幼児・子どもでした。免疫力の低い乳幼児が死亡する一方、数々の疫病をくぐり抜けた老人は病に対しても強かったのです。

病に対して強くしぶとい老人は、年下の人間に対しても強くしぶとかったようです。老人世代と現役世代をめぐる対立はいつの時代にも存在し、老人介護や遺産相続をめぐる問題はつねに人々を悩ませてきました。

たとえば17世紀のドイツ職人には遍歴商人として諸国を旅する者たちがいました。職人に高齢化が進んで「ポスト不足」が生じ、その解消のために「一定の年齢になったら旅に出よ」というルールができました。それで職人は遍歴の旅に出ます。つまり、これは私たちの役職定年と同じ高齢化対策だったのです。

「教え方」のモードチェンジを

先ほどの絵画「年齢のステップ」には生まれてからの人生前半が上り、折り返した後半は下りで書かれています。これはまさに「生と死はプロセスである」の考え方に通じます。

私たちもこの絵のごとく、50歳を過ぎたら「下り坂のプロセスを歩んでいる」ことを自覚しましょう。それまで上り坂を歩んできた人間は、下り坂の歩みへと「切り替え」が必要です。

サラリーマンからフリーランスへの変身を目指す場合、大きな関門がこの「下り坂への切り替え」がうまくできるかどうかです。
ここが運命の分かれ道。その切り替えがうまくいけば周りとの人間関係を良好に維持でき、フリーランスへの道が開かれます。しかし切り替えがうまくいかないと不機嫌な老人と化してしまいます。

では下り坂への切り替えとして何が必要かといえば、それは「年下の人間との接し方」です。年齢を重ねると当然のことながら、仕事相手に年下が増えてきます。仮に60歳でフリーランス・デビューしたなら、パートナーのほとんどが年下のはず。
年長者ながら成功している人を見ると「年下への教え方」が上手かつスマートです。ビートルズを育てたジョージ・マーティンもそうですし、どの組織でも、そして歴史的にも、「尊敬される年長者」は教え方が上手です。決して高圧的に押し付けず、また、むやみやたらに教えません。

人生の前半、知らないことばかりの私たちは親や先生、先輩たちからいろいろと教えてもらいました。やがて自分が先輩や親になって教える立場になります。

そして50代で折り返しのときを迎えます。ここからはむやみやたらに教えず、「聞かれたときだけ教える」ことを心がけましょう。

中国に「啐啄同時《そったくどうじ》」という言葉があります。

これは、鳥のひなが卵から出ようと鳴くちょうどそのとき、母鳥が外から殻をつつくことで殻が割れる。そんな「両者の息が合うさま」のことです。

先生の役割とはただ「教える」のではなく、「知りたい気持ちにさせる」こと。その上で「教えてください」と聞かれたときにはじめて教える。下り坂に入ったら「聞かれたら教える＝聞かれるまでは我慢」を心がけましょう。

「教える」シフトチェンジの難しさは、世の中を見ればわかります。

お店で説教しまくるクレーマーしかり、会社で助言しまくる会長・顧問しかり。

最近は事業承継の場面で、「殻を外から突きまくる親鳥」問題をよく目にします。

これをやられると後継社長はウンザリ。うまく事業承継を進めた会社では、ほぼ例外なく先代社長がキレイに身を引かれています。アドバイスを求められたときだけ、啐啄同時に指導する。これがうまく事業承継を進める秘訣のようです。

啐啄同時に「聞かれたら教える」技をマスターできたらその次です。

続けて「知らないことを聞く」モードを身に付けましょう。

年下とうまくコミュニケーションが取れない年長者は「知らない」と正直に言うことが苦手です。年下に「そんなことも知らないんですか？」と指摘されることを恥だと思っています。その挙げ句に「知ったかぶり」をしたり、部下の仕事について「手柄だけ横取り」して嫌われるのです。


いまのようにDX分野の進歩が激しく、新たなテクノロジーやコミュニケーションツールが次々登場する環境において、流行をすべてキャッチするのは不可能です。ならば知らないことを知らないと素直に言える年長者になりましょう。そのスタイルをマスターすれば若い人と仲良くなれます。

株式投資と確定申告で「勉強」しよう

平均寿命・社会保障制度・企業雇用・産業構造などを歴史的かつ総合的に判断すると、21世紀を生きる私たち日本人は「かなり運がいい」と思います。

決して冗談や皮肉ではありません。まず国家としてかなり充実した医療保険制度・年金制度を有しています。それに加えて会社に勤めるサラリーマンや公務員は上乗せの退職金・年金を手にすることができます。

また300年前や200年前と比べれば、かなり高い年金を手にすることができます。雇用は少々冷遇が目立ちますが、我慢できないなら本書で主張する定年後フリーランスの道を歩むこともできます。サービス業であれば数百年前の鉱山掘りや金細工師より簡単に仕事が見つけられそうです。

こうしてみると老後の選択肢がかなり広い時代であることは間違いありません。ただし、そこには自己責任が伴います。貯金や株式投資をするか否か、保険や年金にどれくらい入るか、定年後にフリーランスとして働くか否か。それらをすべて自分で決めねばなりません。

マネー関係についてはたくさんの選択肢があり、しかもそれらについて正解がないから悩ましいのです。

自分自身のライフスタイルを先々まで考えながら「家は持ち家か賃貸か」「貯金か株か」「年金繰り上げか繰り下げか」といったその時々のマネー問題について自ら答えを出さねばなりません。このように難解な選択はこれまでの歴史に見られなかったものです。この選択のためには最低限の「金融リテラシー」があったほうがいいでしょう。それは貯金や年金、労働すべてを含む人生とお金の判断を助けてくれます。

金融リテラシーを学ぶための「勉強・投資」として私がオススメしたいことが2つあります。それが株式投資と確定申告です。

まずひとつが株式投資を行うこと。ただ、誤解しないでください。それは蓄財のためではありません。金融資本市場を「勉強」するためです。株価はどう動くのか、業績だけでなく他の要因でも動くのか？　株価と金利や為替との関係は？　身銭を切って株を買えばたとえそれが少額でも勉強する気になります。この「勉強」は若い人から年配者まで幅広くオススメします。

そしてもうひとつオススメしたいのが確定申告を自分で行うことです。

定年後フリーランスになって収入が入った方は、めんどくさがってプロに頼まず、一度は自分で確定申告を行ってください。そうすれば自分の収入と支出がどう計算され、税金支払いにつながるのか、それが勉強できます。

株式投資は経済を学ぶマクロ的な勉強だとするなら、確定申告は自分の収支を通じて会計と財政を学ぶミクロ的な勉強です。

この2つを経験すれば経済や会計の勉強ができ「金融リテラシー」の基礎が身に付きます。勉強になってお金の管理にも役立つので一石二鳥。反対に株式投資に手を出さず、税金を会社に計算してもらっているサラリーマンは知らずしらずのうちに「金融リテラシー」が低くなってしまうのです。

フリーランスになったら確定申告してみよう

フリーランスになって収入を得たら、ぜひ自分で確定申告をしてみましょう。いきなり知り合いの税理士に丸投げしてはいけません。頼むのは「一度自分で行ってから」です。教えてもらえる専門家がいない方は、税務署に聞きに行って構いません。怒られたりバカにされたりしません。税務署は善意の納税者に対しては懇切丁寧に教えてくれます。また無料の税金相談会に行ってもいいです。

まずはその年の収入から経費を差し引きます。収入は年金やフリーランス仕事の収入です。経費はフリーランス仕事にかかった経費です。この経費の範囲には制限があるので注意しましょう。収入から経費を差し引いた儲け（所得）に対して税率をかけると支払うべき税金の金額が計算されます。

こうして書くと簡単ですが、その計算プロセスにはさまざまな控除などがあり、かなり大変。でも一度この計算を経験することで計算の大枠、全体がぼんやりと見えてきます。2回目以降は帳簿だけ付けて、あとは専門家に任せてしまえばいいのです。

経理や総務が面倒をみてくれるサラリーマンとちがって、フリーランスは税金や社会保険、その他諸々の手続きを自分で行わねばなりません。だからといってそれらに時間と労力を取られすぎると、本業の商売がおろそかになってしまいます。

その解決として「大枠だけつかんであとはその道のプロに任せる」基本方針をオススメします。これは私自身が行っていることでもあります。

私自身にも会計士として経験がありますが、確定申告の意味や概要をまったく理解していない社長から「とにかく税金安くしてくれ」とぶん投げされるのは苦痛です。これでは依頼者との間に良き関係が築けません。

経理や法律といった専門分野、役所関係の届け出だけでなく、デザイナーやライターの皆さんに仕事を依頼するときも私は「大枠だけ伝えて、あとはプロに任せる」ことを心がけています。

プロと付き合う上で「すべてを相手にぶん投げてしまうこと」も「すべてを自分で抱え込んでしまうこと」もよくありません。いずれにも陥らぬよう、頼りになるプロとはしっかりと信頼関係を築きましょう。

生涯マネープランをつくってみよう

さらに金融リテラシーを高めるため、ぜひ皆さんにオススメしたいのが「生涯マネープラン」の作成です。確定申告を行えば「一年で区切ったお金の流れ」が見えてきます。こう稼いで、こう使って、こう儲けて、税金を納める。では来年はどうか、再来年はどうか……こうして将来を見通してみましょう。

その際、自分がどんな生活をするかで支出できる額が決まります。もちろん質素倹約を大切に生きてもらっていいわけですが、できれば「○○年には夫婦で海外旅行に行きたい」とか夢も含むマネープランをつくってみましょう。そうすればフリーランスとして働くことに張り合いが出ます。

それにも増して、自分の人生を俯瞰《ふかん》する「おおよそのマネープラン」をもって「毎年これくらいの収入&これくらいの支出」を大きくつかんでおけば、老後への漠然とした不安が減ることでしょう。

生涯マネープランをつくる目的は、自らの収支について「大枠を知る」ことにあります。何も起こらず平和であったとするならどれほどの収支状況なのか。余裕があるのか、ないのか。それを知っておくことで安心が得られると同時に、不慮の事態に対してあらかじめの対応が可能になります。

ここで重要なのはその生涯マネープランの内容を夫婦で共有することです。どちらか一方が財務省として抱え込むのはよくありません。生涯マネープランをつくることには家庭内のマネー・コミュニケーションを促進する目的もあります。

家族のマネープランに決定的な影響を与えるのが、先にも登場した子どもの学費と住宅費です。若い夫婦であればわが子を公立か私立いずれの学校に通わせるか、住まいを賃貸か購入いずれを選ぶかによって支出に大きな差が出ます。これはできればシミュレーションして夫婦で相談したほうがいいでしょう。実のところ最近、わが子を有名私立に入学させたものの学費が払えなくなったり、住宅を購入したもののローン返済ができなくなったケースが増えています。このような不幸を避けるためにもシミュレーションは欠かせません。その重要性はこれからますます高まってくるでしょう。

17世紀からあった老人問題

17世紀のはじめ、オランダで誕生した東インド会社は世界で最初の株式会社と呼ばれています。ということはそこまで株式会社は存在せず、17世紀になって少しずつ一般化していったのです。そこまでは「所有と経営の分離」など存在せず、自らの元手で商売を行う「小さな商売人」たちが活躍していました。家族で展開するファミリービジネスが中心だったのです。

はじめて株式会社が登場した17世紀まで、当然ながら企業年金は存在しません。国家による年金制度もありません。では働かない老人の面倒を誰がみたかといえば、それは「家族」です。一家の長でありファミリービジネスの親分である男性老人は、家督と商売を跡継ぎに譲る代わりに、その跡継ぎから住まいと食事の提供を受け、老後生活の世話をしてもらいました。つまり引退老人から提供される「商売の権利」と跡継ぎから提供される「老後の世話」が交換されていたわけです。

オランダやイギリスの経済発展もあって貨幣経済が一般化した17世紀の後半になると少々様子が変わってきます。

経済的に成功した老人たちは、自らの老後に必要な金銭を貨幣で「貯金」し始めました。「自分のことは自分で面倒をみる」自立した老人が出てきたのです。しかし多くの老人は相変わらず家族に老後の面倒をみてもらっていました。

このように「働かない老人」の面倒をその子孫たちがみていた時代、すでに相続問題や面倒の押し付け合いが起こっています。それが煩わしいと自分で貯金・年金の蓄えを用意できる人はほんの一部。ほとんどの場合、さまざまな家族・親族トラブルを抱えながら、老人の面倒を家族がみていました。

このように男も女も家族に面倒をみてもらった時代、歓迎される老人と歓迎されない老人がいました。歓迎されたのは性格が穏やかで、商売などの知恵をもつ老人です。一方で性格が悪く、何の知恵ももたない老人の面倒をみることは誰もが嫌がります。そんな老女は山奥に隠れ住んで「魔女」のような生活を送ることもありました。山奥に住んで毒リンゴをつくる白雪姫の老婆のように。

譲るべき知恵をもたない現代のサラリーマン

ファミリービジネスが中心だった時代、仕事を引退する老人は「子孫に何を伝えられるか」を意識せざるを得ませんでした。それは家屋敷や商売上の人脈、稼ぐノウハウといったものです。なかでも経験豊富な老人のもつ「ノウハウ・知恵」は大切なものであると認識されました。とりわけ金細工師のような職人の細かい技術は貴重なものです。それがあるからこそ老人は尊敬の対象だったわけです。

知恵やノウハウをもつ老人が尊敬の対象になったのは、17世紀の日本で始まった江戸時代でも同様です。家の偉い人が「家老」、幕府で偉い人が「老中」、一番偉い人が「大老」。ここからわかるように、知恵とノウハウをもって問題を解決できる老人は組織で出世し、尊敬される対象でした。

この様子が変わってきたのが、株式会社が一般化してからです。

ファミリービジネスから、所有と経営の分離した大企業へ。ほとんどのサラリーマンは自宅から離れた職場へ通勤します。そこで働く姿を自分の子どもは見ていません。株式会社においては職場と家庭が分断されています。

サラリーマンは会社の仕事で得た「商売の権利や知恵」をわが子に譲ることができません。その見返りに「老後の世話」を受けることが難しくなっています。

その後、老人の生活は家族の代わりに、会社と国家が面倒をみてくれるようになりました。そのための年金や社会保険の制度づくりには長い時間がかかりましたが、ともかく現在は「家族に代わって国と企業が老人の面倒をみる」時代になっています。

それは「家族が老人の面倒をみることから解放される」プロセスであったわけですが、一方で「家族の絆が失われる」面があったようにも思えます。

長い歴史をひもとくと、老人の生活をお世話する主体は「家族から国・企業へ」と移ってきました。それで解決したかと思いきや、少子化・高齢化によってその制度にほころびが目立ち始めました。もしかするとすでに「老人の面倒を家族がみる」ことへの回帰が起こっているのかもしれません。だとすれば改めて家族の絆、そして「親は子に何を伝えられるか?」が問われそうです。

年金制度は変化する

革命後のフランスは、高齢者への祝福と賛美を政治的に利用しました。高齢者を大切にすることで愛国的イメージを高めようと革命政府はフランス革命・敬老の日という祝日をつくり、老齢年金制度を検討・創設します。ジャン＝シャルル・タルデューの絵画には「老齢年金を支給する慈悲深いナポレオン」が描かれています。

フランスでは老人期の生活支援として、公務員を対象とした年金支給の仕組みをつくりました。おそらく財政的に厳しかった革命政府は功労者に一時金を出すことができなかったゆえに「年金という将来の約束」を考案したのでしょう。

このときフランスで設計された公務員に対する年金制度は、後にヨーロッパ各国に影響を与えます。それはやがて公務員以外を含む社会保障制度のモデルとなっていきました。

19世紀から20世紀にかけて年金をはじめとするヨーロッパ各国の社会保障制度はさ

「ナポレオンは117歳のポーランド人ネレツキに100ナポレオンの年金を与える(1807年)」 ジャン＝シャルル・タルデュー 提供：akg-images/アフロ

らに充実し、標準化されていきます。さらに20世紀になると企業年金も創設されます。こうして老人の面倒を「家族に代わって国と企業がみる」時代がやってきました。「大人期の蓄えを老人期に回す」考え方の到来です。

国家が未成熟でファミリービジネスが中心だった時代、老人の面倒は「家族」がみていました。

その後、国家が成立すると国の年金制度が、株式会社が大規模化すると企業年金制度が整備されます。公務員については手厚い年金制度が用意され、サラリーマンについては国家年金・企業年金の組み合わせが用意されました。

いざというときの本当の備え

親の介護によって学生生活に支障が出る、いわゆるヤングケアラー問題が社会問題になりつつあります。厚生労働省は2022年、介護保険の自治体担当課や関係団体に協力を求める事務連絡を出しました。すでに早期把握・相談支援・家事育児支援・介護サービス提供などの支援が始められており、そこには金銭支援・物理的支援の相談窓口もあります。

国や地方公共団体にはヤングケアラーたちの積極支援をこれからもお願いするとして、本書を読んでいただいている読者世代ができることは「自分の健康を保つこと」に尽きます。お子さんのいらっしゃる方は、わが子をヤングケアラーにしないよう健康には十分に気を付けましょう。

ある日突然、病に倒れたときへの備えとして保険に入ることもいいですが、それですべて問題が解決できるわけではありません。

保険に入ることよりも「いざというとき」のことを家族で話しておくことが大切で

す。なぜなら、自分が「まさか」の病に倒れたとき、その面倒を誰がみるかといえば、それは「家族」だからです。

またヤングケアラーだけでなく、親の介護は働く世代にとっても重荷になっています。私の知人でも「親の介護で仕事を辞めた／転勤を願い出た」という話題が激増しました。その対応として本書は「会社を辞めたあとも働く＝定年後フリーランスの生き方」を提案してきたわけですが、その準備が整わないうちに親が倒れるような事態もあります。

そんな不慮の事態を含む介護全般については「会社の支援」も欠かせません。育児については配慮があっても、介護についてはまだまだというのが現状のようです。

これから少子高齢化が進むなら、現役世代は育児にも増して「親の介護」に時間とお金をかけることになります。会社には「いざというとき」介護で苦しむ社員を支援する制度づくりをお願いしたいと思います。

母の認知症について思ったこと

個人的な話で恐縮ですが、私は昨年、母を看取りました。

数年前から認知症が進んでおり、結局本人には施設に入ってもらったものの、コロナ禍で長期にわたって面会ができず、一気に認知症が進みました。最期は息子の私のこともわからなくなり、食事がとれなくなって「老衰」で亡くなりました。

死の直前、老人ホームから呼び出されて医師とともに面談がありました。

万が一のときに胃ろうはしますか？　特別な血管注射や点滴は？　心臓マッサージは？　それらはすべて「こうすれば延命できます」との提案なのですが、そのすべてに私はＮｏとお答えしました。これ以上つらい思いをさせたくないし、何よりそれは元気だった本人が「何もしないでほしい」と語っていたからです。

それでも延命措置を提案されてすべてに「Ｎｏ」と答えるのは本当につらいことでした。自分を育ててくれた母親を見殺しにする罪悪感を感じました。

私はこの経験から「自分がいざというときの判断」について家族に伝えました。医者からいろいろと延命措置を提案されるがすべて断ってほしいと。これを言わずにおくと、家族に大変な罪悪感と苦しみを与えることになります。

そして母の死後、意外に困ったのが「実家の処分」です。これについて友人たちに愚痴をこぼしたところ、「俺も俺も」と声が上がりました。多くの人が「実家の処分」問題で頭を悩ませているようです。親は「よかれと思って」財産を残してくれたのかもしれませんが、残念ながら裏目に出ている様子。

一方的な思い込みは禁物。親の立場ではわが子に負担を残さぬよう気を付けましょう。そのためにも「いざというとき」について話しておくことが大切です。

健康最優先のフリーランス

近年、脳梗塞で倒れた知人が何人もいます。穏やかだった方が怒りっぽくなり、モノを投げるという冒頭ストーリーのエピソードは実話です。自分で動けない、あるいは話せなくなった彼らがどれだけつらい思いをしているでしょう。
とても人ごととは思えません。もしかしたら明日、自分が脳梗塞や心筋梗塞で倒れるかもしれない。いざというときに備えつつ、やはり病には気を付けましょう。「不安五段階説」の図（90ページ）で説明した通り、「不健康」は家族を巻き込む最悪の不幸です。
お子さんをおもちの方は、わが子をヤングケアラーにしないこと。とにかくそれに気を付けることが一番です。私の年齢で脳梗塞・心筋梗塞などで倒れた人間は、「やっぱり」という人間が多いです。とにかく無理は禁物。

健康についてはおかしくなって病院に行くより、もっと早めに対応することが大切です。フリーランスは健康でさえあればいつまでも仕事ができます。よって健康の維持については最優先で取り組まねばなりません。

私も最近、深刻な体調不良を抱えていたのですが、精密検査を受けても「異常なし」。たまたまその不調を知人の石田陽子医師（心陽クリニック）に話したところ、

「もしかしたら睡眠時無呼吸症候群かもしれません」との見立て。まさかと思いましたが某大学病院に一泊検査入院して精密検査を受けたところ完全な「クロ」。

私の体調不良は、重度の無呼吸症候群によるものでした。いまは呼吸補助器による治療によってウソのように体調が良くなりました。

病院やお医者さんは「病気になってから行くところ」と思いがちですが、それでは遅すぎます。身体が資本のフリーランスは、「伴走者」として助けてくれるドクターをもつべきです。

生命保険・医療保険に多額のお金を払うより、パフォーマンス向上のアドバイスをくれるドクターにお金を「投資」するほうがオススメです。

「助けられ力」こそ財産

今回の体調不良では石田医師に助けてもらったわけですが、これ以外でも自分の弱い部分や苦手な部分を「助けてもらう」ことはとても大切です。

責任感の強い人、優秀な人ほど「自分でなんとかしよう」と思いがちですが、やるべき範囲が広いフリーランスがすべてを自分で処理できるわけがありません。

「弱いところ・苦手なところを誰かに助けてもらう力」――これを「助けられ力」と名付けましょう。サラリーマンからフリーランスへ軽やかな変身を遂げた方には、「助けられ力」の高い人が多いです。一方でうまくいかない人には「抱え込んで自滅」するパターンが目立ちます。

先ほどの私でいえば弱点・苦手は「健康」だったわけです。なぜ調子が悪いのかわからない。これはドクターの力を借りなければ解決できませんでした。

しかしこれは私だけでなく、多くの人が同じはず。だから皆さんにも、健康維持を助けてくれる「伴走者ドクター」をオススメしたいのです。

健康の次に皆が悩む弱点、苦手といえば「お金」問題です。

これについても基本的なスタンスはドクターと同じです。ぜひとも「伴走してくれる税理士（会計事務所）」を探してください。

フリーランスであれば本来自分で確定申告を行うべきですが、日々のレシートの集め方と帳簿の付け方、それをもとにした確定申告書の作成などは、かなり細かい手続きになります。これをすべて自分で勉強して行うのは無理なので、初心者の自分にもわかるよう教えてくれる、伴走者を選んでほしいのです。

確定申告であれば税理士さんでいいでしょう。知り合いに自分の仕事内容を伝えつつ、伴走者としてサポートしてくれる税理士さんを探しましょう。まずは自分で行う確定申告の手続きを助けてくれる税理士を見つけること。そこからスタートです。仲良くなったら確定申告だけでなく、年金・貯蓄などマネー全般についても相談してみましょう。ここでは伴走者たる税理士さんとの相性が大切。ぜひ気が合う人を選んでください。

とにかく健康とお金については万人が悩むところ。「助けられ力」を最高レベルに高め、良い伴走者を見つけてください。

健康とお金意外の分野でも、たとえば人事、法律、PR、ITなどなど、自分が弱い分野については「助けられ力」を発揮して良きパートナーを見つけましょう。

「定年の壁」をぶっこわそう

定年後にも長く働く令和フリーランスの生き方に加え、本章ではお金や健康、家族との向き合い方についてお伝えしてきました。

そんな本書の最後に、改めて考えてみたいのです。

「若者と老人のちがいはなんでしょう？」

一般的に、若者と老人は「年齢」によって定義されます。しかしこれには少々無理があります。老けた50歳もいれば、若々しい80歳もいるからです。

年齢で区切れないとすれば、やはり「気の持ちよう」で区切るべきでしょう。

私が若かった頃、大病を患って入退院を繰り返したこともあり、あまり明るい気分ではありませんでした。どちらかといえば暗い青春時代だったように思います。でも、きっと自分の未来は明るいと信じていました。

いまは暗いけど、将来は明るい——そう思えるのが若者です。

多くの人は大人になり、家族ができて仕事も大きくなると、だんだん心配事が増えていきます。あちこちが痛い自分の身体、能力の衰えを思うと気分がふさぎがちになります。

いまは明るいけど、将来が暗い——そう思ってしまうのが老人です。

老人は将来が暗いから貯金がないと不安なのです。

ならばこれをひっくり返そうではありませんか。

年齢がいくつになろうとも「いまは暗いけど、将来は明るい」心をもちましょう。

この本を読んで、「フリーランスになってみよう」あるいは「自分の名刺をつくってみよう」と思い、少しワクワクし始めた方、そんなあなたは「将来が明るい若者」です。

耐えられない貧乏や家族の病気、そんな不幸に見舞われても「きっと明日は明るい」と思える人は若者なのです。

有名なＪＦＫ、アメリカのケネディ大統領の時代に、人類は月へ行きました。

そのアポロ計画が発表されたとき、意外にも批判が殺到します。

「月に行く意味なんてあるんですか？」

「月に行けば何が手に入るんですか？」

これに対しケネディ、「行ったことがないからわからない。でも、きっといいことがある。それに賭けてみたいんだ」

月に行くという夢に賭ける「ムーンショット」。

ムーンショットをもっている人はいくつになっても若者です。


自分の名刺、商品カタログ、そして心にムーンショット。

この３つがあれば完璧。

定年の壁などぶっこわして、「明るく楽しい明日」へ向かいましょう。

エピローグ

ストーリー4
【再出発はこの場所から】

いつもの書店でたまたまその案内が目に入った。

階段近くに貼られていた「読書会」イベントのポスター。

あれは小学校のときだったな、図書室の読書会。毎回参加するのが楽しみだった。


この書店のカフェで開催するらしい。

どんな人が参加するんだろう。どんな読書会なんだろう。

気になって案内を見ていると、突然、背中越しに声がした。

「よかったら参加されませんか？」

振り返ると、声の主はあの店長だった。ニコニコしながらそこに立っている。

私とわかって声をかけたのか？　いやいや、そんなはずはない。なんといっても私はクレーマーだから。嫌われ者にわざわざ声をかけるわけないさ。閉まりかけた心の扉をやさしく開くように、彼女は私に話しかける。

「はじめてこのカフェで開催するイベントです。河西さん、ぜひ来てください」

私はそのニコニコした笑顔につられて参加することになった。

当日の土曜日、書店横のカフェに行くと、いつもとはちがったレイアウトで机が並んでいる。受付には店長がいて、私を見つけると小さく手を振ってくれた。手を振り返すことはできなかったが、私も精一杯の笑顔で返した。

例のアルバイトの子もやってきた。今日は読書会の参加者として来たらしい。机の向かい側に座ったが、私とは目を合わさない。しょうがない。彼に少しばかり申し訳ない気持ちを感じるうち、イベントが始まった。

参加者は、私、店長、その友だちの女性、私が怒鳴った男の子、老齢のご夫婦、女性が２人。今日は店長とその友だち美鈴さんの２人がそれぞれ数冊の本を紹介し、他の参加者がそれにコメントする形式だった。なんでも店長の真知子さんと美鈴さんは同級生の親友らしい。

2人が紹介してくれた本は知らないものばかりだった。それゆえ何もコメントはできなかったが、おもしろそうな数冊の書名をメモした。

1時間ほどでイベントが終わり、お開きとなった。

私は店長と美鈴さんに感謝の言葉をかけ、メモした本を2冊買って帰った。


それから数日後、書店を訪れると棚出しをしていた店長と目が合った。

「先日はご参加ありがとうございました！」

「いや、こちらこそありがとう」

「河西さん、少しお時間ありますか？　ご相談したいことがあるんです」

「えっ、あ、私に？　いいですよ」

「では、こちらへ」

手招きされて向かったカフェ。おそらく次回の読書会にも来てください、と頼まれるのだろう。

思った通り、次回の読書会への誘いもあった。しかし、もうひとつの依頼は想像を絶するものだった。


話を聞いたとき、何かの間違いかと思ったが店長は本気だった。

「まさか」の依頼、それは「クレーマー対策」ボランティアのお願いだった。

「だって河西さん、クレーマーの達人じゃないですか」

「ク、クレーマーのたつじん？　ひどいなあ、それ」

怒ることもできずに困っていると、真知子店長が笑い出した。

「ごめんなさい、笑ったりして。私、読書会でわかったんです。河西さんは悪い人じゃないって。だって私たちが本を紹介しているとき、やさしそうにうなずいてくれました。そんな本好きに悪い人はいないんです」

気恥ずかしくて顔を上げることができず、下を向くしかなかった。

「最近難しいお客さんが多くて、アルバイトが困っているんです。私、どうすればいいか考えたんですが、河西さんにお願いするのが一番いいと思いました。どうか私たちを助けてください。よろしくお願いします」

そんなこんなで私は読書会の常連になり、そしてこの書店の「クレーマー対策」をお手伝いすることになった。まったく不思議なことに、怒鳴りつけてしまったアルバイトの青木君に対し、私がクレーマー対策を伝授することになったわけだ。

＊　＊　＊

読書会は回を重ねるうちに参加者が増えていった。

美鈴さんが読書会の主催者となって毎回工夫を凝らしている。美鈴さんはこの読書会の成功で大いに自信をもったらしい。「私、イベントプロデューサーになる！」と夢をもち、それに向かって歩み始めたのだとか。「今回は何があるんだろう」と期待する参加者。まだ内緒だが、次回は紹介する本の著者がシークレットで参加してくれるらしい。きっと参加者はビックリするだろうな。

先日の読書会では他にもうれしいことがあった。

お父さんを介護する青木君が、車椅子の父上と一緒に読書会にやってきた。みんな青木親子を拍手で会場へ迎え入れた。

読書会では、父上の好きな絵本の朗読が行われた。幸せそうな笑顔で聞き入る父上。青木君は帰り際、「こんなに笑顔の父親をはじめて見ました」と皆に頭を下げた。

みんなから「また来てください」と言われた父上はゆっくりコクリとうなずいた。

楽しそうな読書会はご近所でも評判となっており、店長と美鈴さんは子ども向けや親子向けもやりたいねと話している。これからの展開が楽しみだ。万が一、クレーマーが現れても大丈夫。そのときの対応はプロの私に任せてほしい。

まったくもって予想外。これも真知子店長が声をかけてくれたおかげだ。

彼女には感謝しつつ、まだ最大の仕事が残っている。

真知子店長と美鈴さんからは「ぜったい大丈夫、やればできる!」と励まされ、青木君からも「応援しています」と控えめなメールが届いた。

もう後には引けない。やるしかない。

私は次の読書会に〝妻を誘う〟ことを決めた。


この読書会に参加するようになってから、自分のダメさを思い知った。

いつからこれほど頑《かたく》なで、傲慢で、独りよがりになってしまったのだろう。

家族の会話がなくなったのは自分自身のせいだった。

もっと話を聞けばよかった。自分のバカさ加減がひどすぎて「すまなかった」と謝ることすら気が引ける。

妻に謝る前に、「一緒に読書会に行こう」と誘ってみよう。

もう手遅れかもしれないが、勇気を振り絞って誘ってみよう。

妻と一緒に読書会に参加すること、それが今の私の夢だ。


いつもの玄関に立つと、ゆっくり深呼吸してドアノブを回す。

くじけそうになる気持ちを奮い立たせるよう、いつもより大きな声で言った。

「ただいま」

あとがき

親愛なるフリーランス予備軍の皆さま、最後までお読みいただき誠にありがとうございました。

ここで改めて、「フリーランスへの道・7カ条」をお伝えします。

・第1条：サステナブルな自分名刺をつくろう
・第2条：「自分のやりたいこと」から売り物をつくろう
・第3条：偉ぶらずに参加できる場を見つけよう
・第4条：あこがれの人の近くでお手伝いをしよう
・第5条：みんなを巻き込んで幸せになる方法を考えよう
・第6条：聞かれたときだけ、啐啄同時に教えよう
・第7条：明日へ向かってムーンショットをもとう

最後に。

本書によって皆さんとご縁ができたことを光栄に思うと同時に、ここに書いた内容がほんの少しでもお役に立つことがあればとてもうれしいです。

読者の皆さんが「明日は明るい」と思ってお過ごしいただけることを心からお祈りしています。

最後の最後に個人的なお願いです。

もし本書を読んで「自分の名刺」をつくられた方、いらっしゃいましたら、ぜひ名刺交換させていただければ幸いです。どんな名刺をつくられたのか、拝見する日を楽しみにお待ちしています。

田中靖浩

田中靖浩（たなか・やすひろ）
作家・公認会計士。三重県四日市市出身。早稲田大学商学部卒業。外資系コンサルティング会社勤務などを経て独立開業。執筆、講師、コンサルティングといった堅めの仕事から、落語家・講談師との共演まで幅広くポップに活躍中。「会計×歴史」や「経済×絵画」といった新しいコンテンツを発信しつつ、フリーランスの応援にも全力で注力中。著書に『名画で学ぶ経済の世界史』（マガジンハウス）、『会計の世界史』『良い値決め 悪い値決め』（ともに日経 BP 社）、『お金にふりまわされず生きようぜ！』（岩崎書店）など多数。

田中靖浩公認会計士事務所 web サイト
https://www.yasuhiro-tanaka.com

マガジンハウス新書 013

ただの人にならない
「定年の壁」のこわしかた

2023 年 1 月 26 日　第 1 刷発行

著　者　田中靖浩
発行者　鉄尾周一
発行所　株式会社マガジンハウス
〒 104-8003　東京都中央区銀座 3-13-10
書籍編集部　☎ 03-3545-7030
受注センター　☎ 049-275-1811

印刷・製本所／中央精版印刷株式会社
ブックデザイン／ TYPEFACE（CD 渡邉民人、D 谷関笑子）

ISBN978-4-8387-7515-6 C0236